大都會文化
METROPOLITAN CULTURE

大都會文化
METROPOLITAN CULTURE

人脈＝錢脈

CONNECTIONS

WEALTH

改變一生的人際關係經營術

It's not what you know but who you know.

孫大為——著

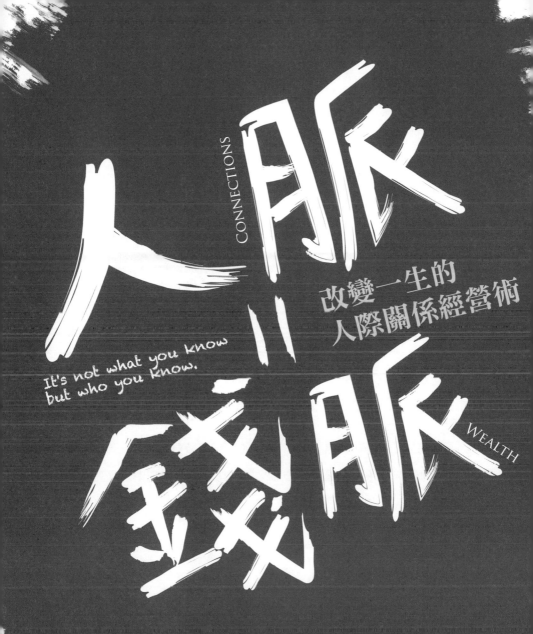

CONTENTS

2 二部曲　勤修人際關係的獨門秘技

3 三部曲　活用人際關係的金鑰匙

4 四部曲　圓融人際關係的致勝心法

作者序

在競爭激烈的現代社會中，僅憑一己之力打天下，很難獲得成功。「多個朋友，多條路」，許多成功者的經歷證明，一個人的成功，離不開眾多朋友的支持和幫助，善於結交朋友的人，不僅到處受歡迎，而且遇困難有人幫忙，辦事處處通，不知不覺中，增加了許多成功的機會。

交友辦事是一門學問，日常生活中我們不難發現，有的人待人真誠坦率，卻沒有一個知己朋友；有的人性格暴躁，卻有許多人和他是生死之交。有的人平時朋友遍天下，可有事需要幫助時，卻找不到一個人；有的人朋友不多，需要時卻個個鼎力相助。究其原因，是會不會交朋友的問題。

交朋友，要分場合、分地點、分時間、分對象，面對複雜的人性，要根據對方的各種情況，冷靜客觀地調整和他們的交往方式。可深交的，你可以和他分享你的一切，不可深交的，維持基本的禮貌就可以了。這就好比客人來到你家，真正的客人請進客廳，推銷員之類的在門口應付就行了。

如果你目前日子過得平平淡淡或失意不得志，就應該主動擴大自己的交際範圍；如果你已有所成就，事業如日中天，那麼交朋友就該有所選擇。只有掌握交朋友的技巧，你才能在關鍵時刻有可依賴的朋友，才不會有「人到用時方恨少」的遺憾。

本書深入分析現實中的各種人際、心理現象，並提出許多有效的交友辦事方法，幫助讀者朋友們在人際關係複雜的社會中，認清朋友、結交朋友，為自己未來的成功搭橋鋪路。

如果你會交友，任何時間、各種場合、不同的話題和交友策略，都可以讓你輕而易舉成為眾人注目的焦點。

IT'S NOT WHAT YOU KNOW
BUT WHO YOU KNOW.

1

首部曲　打通人際關係的任督二脈

●「人」到用時方恨少？

很多人都有這種經驗：朋友滿天下，需要幫忙時卻沒幾個人。如果你也經歷過這種難堪，請趕快亡羊補牢，如果沒有，也要未雨綢繆，盡早作準備。

「朋友檔案」

那些做事處處暢行無阻的人，除了他們本身的優越條件外，還有一點，就是他們身邊有一群非常要好的朋友。這些朋友會為他出謀劃策，對他提出高的要求，不讓他有絲毫鬆懈和半點放棄的念頭。

這樣的人大多有一個「朋友檔案」，並且是一個善用「朋友檔案」的人。

美國前總統柯林頓回答《紐約時報》的記者自己是如何保持政治關係網時說：「每天晚上睡覺前，我會在一張卡片上列出我當天聯繫的每一個人，註明重要細節、時間、會晤地點以及與此相關的一些資訊，然後請秘書幫我輸入進關係網資料庫中。這些年來，朋友們幫了我不少。」

美國總統都需要建立「朋友檔案」，何況一般人呢？

很多時候，光建立「朋友檔案」還不夠，還要善於利用「朋友檔案」來幫助自己。

例如，把他們的生日、興趣、愛好等內容都收集起來，這樣，你會加深對他的瞭解，在與他談業務或進行生意往來時，可以找出他關心的話題，跟他談他鍾愛的事物。當你這樣做時，不僅會受到他們的歡迎，你的業務也得以擴展。

杜維諾麵包公司是紐約一家高檔麵包公司，老闆杜維諾一直試著要把麵包賣給紐約的某家飯店，一連四年來，他每天都打電話給這家飯店的老闆，也去參加那個老闆的社交聚會，為了爭取到這個客戶，與飯店老闆談成這筆生意，他還在該飯店訂了個房間，以便找機會與老闆談談。但是經過一段長時間的努力，他都失敗了。

杜維諾開始反省自己，並決定改變策略，收集了這家飯店老闆的個人資料，為他建立了一個「朋友檔案」，終於找出這個人最感興趣、最熱衷的東西。原來，這位老闆是一個叫作「美國旅館招待者」的旅館人士組織的一員，由於他的熱情，還被選為主席以及「國際招待者」的主席，不論會議在什麼地方舉行，他都會出席，即使必須跋涉千山萬水也堅決前往。

建立了屬於他的小檔案後，當杜維諾見到那個飯店老闆，便開始談論他的組織。杜維諾得到的反應令人吃驚，那個老闆向杜維諾談了半個小時，都是有關他的組織，語調充滿熱情，並且一直笑著。在杜維諾離開他的辦公室前，他還把他組織的一張會員證給了杜維諾。

在交談過程中，杜維諾完全沒有提到賣麵包的事。過了幾天，那家飯店的主廚打電話給他，要他把麵包樣品和價目表送過去。主廚在見到杜維諾的時候說：「我不知道你對老闆做什麼手腳，但你真的把他說動了！」

後來，杜維諾與這位老闆成了無話不談的好朋友，杜維諾說：「想想看吧！我纏了那個老闆四年，就是想和他做大生意。如果我不建立他的個人小檔案，不去用心找出他的興趣所在，瞭解他喜歡的是什麼，那麼我至今也不能如願。」

建立和善用「朋友檔案」是一種深刻瞭解人，並與之保持有效聯繫的方式。掌握了這樣一種方法，並善加利用，自然免去了「人到用時方恨少」的苦惱。

● 餐桌交友，交際有術

現代社會的人際交往中，免不了請客、送禮、喝酒。人們藉著形形色色的名目，大大小小的圈子，或同學一群，或同事一桌，或至交兩三人，一起聚會，共同歡聚暢談，品嘗佳餚美酒，以消除陌生感、加強感情、增進協作、傳達美意、加深瞭解，建立彼此之間的信任。人類社會對於聚會樂此不疲，不分時代與地域，皆是如此，這真是人類獨有的好辦法、好主意。因此名目繁多的大宴小酌出現了，將這個社會點綴得五顏六色，人們也越來越沉醉其中。

跟人談事時，酒桌上最容易溝通，因為吃飽喝足了，什麼都好說。

(1) 酒是友情的潤滑劑

許多人都是在餐桌上交朋友的，在宴會上，不相識的人坐在一起，酒杯一碰，抬頭把酒喝下去，兩個陌生人就可能成為好朋友。

好酒的人，很容易在餐桌上交到朋友，他們碰到一起，總是容易惺惺相惜，幾杯酒下肚後，談得相見恨晚，眼裡全是好感，友誼就這樣產生了。

在這個無酒不談商的年代，許多大生意都是在餐桌上搞定的。生意場合裡，有不少人藉著酒精的刺激來促進彼此的往來，在我們周圍也不乏原來滴酒不沾，但在工作了十數年之後變成了杯中高手的人。如果在餐桌上堅持不喝，反而可能引起別人的反感，甚至覺得你不真誠、虛偽、心眼太多，不可交。

酒是友情的潤滑劑，如何使它發揮最有利的功效，就在於自己如何運用。尤其是生意人早就已經習慣在餐桌間談生意，好像不喝點酒就沒辦法敞開胸懷說話似的。這種習慣其實並非我們所特有的，各國人都是如此，也許除了阿拉伯國家礙於戒律之外，這已經常為全球的普遍現象。

喝酒是連絡感情、談生意、談友誼的橋樑，只要喝透了，沒有辦不成的事，許多事，就在觥籌交錯中辦成了。

從古到今都流傳著這樣一句話：「酒逢知己千杯少。」即使現在也是如此，談得來的一塊喝老酒，話稠了，情自然就濃。酒杯對酒杯，心口對心口，友誼也隨著酒的綿香而逐漸加深。

(2) 注意餐桌上交友辦事的分寸

談起喝酒，幾乎所有的人都有過切身體會，並不是能喝和敢喝就能交上朋友。所以，探索一下餐桌上的「奧妙」，有助於交際的成功。

・眾歡同樂，切忌私語

大多數宴會賓客都較多，所以應盡量多談論一些大部分人能夠參與的話題，得到多數人的認同。因為各人的興趣愛好、知識領域不同，所以話題盡量不要太偏，避免唯我獨尊，出現離題現象而忽略了眾人。

特別注意不要與人貼耳小聲私語，這會給別人一種負面的神秘感，往往會產生「就你們好」的嫉妒心理，影響喝酒同樂帶來的效果。

・看清賓主，把握大局

大多數宴會都有一個主題，也就是喝酒的目的。赴宴時應先環視大家的神態表情，分清主次，不要單純為了喝酒而喝酒，失去交友的好機會。

・話語得當，詼諧幽默

餐桌上可以顯示出一個人的才華、學識修養和交際風度，有時一句詼諧幽默的語言，會給別人留下很深的印象，使人無形中對你產生好感。所以，知道什麼時候該說什麼話，語言得當，詼諧幽默非常關鍵。

・勸酒有度，切莫強求

在餐桌上往往會遇到勸酒的現象，有的人總喜歡把酒場當戰場，想方設法讓別人多喝幾杯，認為不喝到量就是太拘謹。

「以酒論英雄」這件事，對酒量大的人來說還可以，對酒量小的人來說可就是災難了，有時過分地勸酒，反而會完全破壞原有的朋友感情。

・敬酒有序，主次分明

敬酒也是一門學問。一般情況下敬酒應以年齡大小、職位高低、賓主身分為序，敬酒前一定要充分考慮好敬酒的順序，分明主次。即使與不熟悉的人在一起喝酒，也要先打聽一下身分或留意別人如何稱呼，這一點心中要有數，避免出現尷尬或傷感情的情況。

敬酒時一定要把握好敬酒的順序。有求於席上的某位客人，對他自然會倍加恭敬，但是要特別注意：如果在場有更高身分或年長的客人，則不應只對能幫你忙的人畢恭畢敬，依舊要先給尊長者敬酒，不然大家都尷尬。

・察言觀色，瞭解人心

要想在餐桌上得到大家的讚賞，就必須學會察言觀色。與人交際，就要瞭解人心，左右逢源，才能演好餐桌上的角色。

・鋒芒漸露，穩坐泰山

宴會席上要看清場合，正確評估自己的實力，不要太衝動，盡量保留一些酒力和說話的分寸，既不讓別人小看自己又不要過分地表露自身，選擇適當的機會逐漸露出自己的鋒芒，才能穩坐泰山，不致給別人產生「就這點能力」的想法，使大家不敢低估你的實力。

在餐桌上交友辦事，要掌握好分寸；分寸掌握得好，要辦的事自然水到渠成。

● 抓住交際的最初四分鐘

在一些社交場合，你可能會看到兩個人在熱切交談的情景，對方的臉上洋溢著笑，儼然一對久遇的老朋友。但你一上去打聽，才知道他們不過是認識幾分鐘的陌生人。為什麼陌生人見面才幾分鐘就能成為朋友呢？一方面他們懂得交友之道，另一方面在於他們把握了初次見面的頭四分鐘，給對方留下了好印象。這樣的人，不僅是交友的高手，毫無疑問，也是辦事的高手。

人們第一次相遇，需要多少時間決定他們能否成為朋友呢？

美國倫納德．朱尼博士在書中說：「和陌生人之間接觸的前四分鐘，對人們是否願意或什麼時候成為朋友，是相當重要的。當你在社交場合中遇到陌生人時，你應該把注意力集中在他身上四分鐘，很多人的生活會因此而改變。」

有人統計，初次見面的人如果給人良好的印象，那麼在今後的日子裡，與人辦事成功的機率則會大大增多。誰都知道，在事業上成功的先決條件，是要有一個良好的第一印象。

人的第一印象是不可磨滅的，長相兇惡的人誰也不喜歡，沒有自信的人總是讓人覺得縮頭縮尾。有些人很容易博得別人的好感，就是因為給別人的第一印象好。

初次見面，能否讓對方留下良好的第一印象格外重要。然而，對方要從你身上得到第一印象所需的時間最多不會超過四分鐘。這就是說，只要能順利掌握初次見面的四分鐘，就等於這次會面已獲得成功，以後對方就會記住你的第一印象。

善於交際的人，初次與人相見時總會衣容整潔、滿面笑容，有利地利用最初的四分鐘。當然，每個人的個性不同，有些人豪邁爽朗，有些人則拘謹寡言。然而，要在最初的四分鐘內給人良好的印象並不困難，畢竟只是短暫的四分鐘，只要注意保持笑容和親切的態度，你就能給人留下良好的第一印象。

良好的第一印象是打開交往大門的一把無形鑰匙，可以說「良好的開端是成功的一半」。在交往中，你怎樣在短時間給人留下良好的第一印象，與陌生人交上朋友呢？你不妨從以下幾個方面做起。

(1) 注意儀表

社會心理學家認為，在公眾場合，人們總是樂於接觸衣著整潔、儀表大方，或衣著略優於自己的人。這種行為在日常生活中也常見到，沒有人願意同一個不修邊幅、骯髒邋遢的人在一起。

人的衣著服飾同一個人的地位、身分和修養連在一起。為獲得良好的初次印象，穿著上一定要注意身分和場合。一個電影明星打扮得妖豔一點，人們會覺得正常，但一個中小學教師濃妝豔抹、穿著妖豔就會被人認為不合適了。因此，我們平時要注意穿著得體、整潔，盡力為自己給人的第一印象加分。

(2) 注意臉部表情

在我們身邊，與人交談面帶笑容、聽人說話時表現出專注神情的人，一般都是人際關係很好的人，因為表情可以充分展示自己的人格和修養。

眼睛是心靈的窗戶，在相處過程中，眼睛是最常被對方注視的部位。兩個人見面時即使沒有開口說話，從日光上就可以判斷出心理優勢的一方。所以，在第一次與人見面時要善用自己的視線，也要學會瞭解對方視線的含義，並適時調整自己的視線。眼睛可以直視對方，但注意不要引起對方的不愉快。

(3) 介紹自己要簡單明瞭

與人交往都會經歷一個由陌生到熟悉的過程。和陌生人見面，第一步便是介紹自己。介紹自己可以由第三者出面介紹，也可以自我介紹，不論採用何種方式，都不宜採取太冷淡或言談太隨意的態度。特別是自我介紹的時候，更要注意自己的言談舉止，做到恰當得體。那麼，怎樣才算恰當得體呢？

一般來說，介紹的語言既要簡潔明瞭，又要能使對方從你的介紹中找到繼續談下去的話題；既要使對方透過你的介紹對你有所瞭解，又不使對方覺得你在自誇炫耀。

以下是日常生活中人們隨處可見的自我介紹方式：

- **簡略式**。比如：「我是〇〇〇，請多指教。」

這種介紹過於簡單，對方聽了你的介紹後，除了名字以外其他一無所知，話題不容易繼續下去，很難再有進一步的交談。

• 詳盡式。比如：「我是○○公司業務部經理，是台灣大學經濟系畢業生，著名經濟學者○○○教授是我的老師，認識○○集團老闆。」

這種介紹方式顯得囉唆，有自吹自擂之嫌，容易引起對方反感，不願意與你有更深入的交談。

• 簡明式。比如：「我是某某公司業務部經理○○○，請多多指教。」

這種方式既簡潔，又適當地表明了自己的身分，容易使對方找到接下去的話題。

(4) 注意傾聽

「說」是一門藝術，「聽」也是。

聽人講話要像自己講話一樣，保持飽滿的情緒，用心地理解對方的講話內容，即使你已經聽懂了對方的意思，也應出於禮貌耐心地聽下去，要善於做一個謙虛的聽眾。同時，不要邊聽人家講話，邊做與談話無關的事，這是對他人的不友好表現。

(5) 找到對方感興趣的話題

想與不認識的人展開交談，最大的挑戰在於找出對方感興趣的話題。

富蘭克林・羅斯福剛從非洲回到美國，準備參加一九一二年的總統競選。他是已故美國總統狄奧多・羅斯福的堂弟，又是一位有名的律師，知名度自然很高。

在某一次宴會上，在場的來賓都認識羅斯福，但羅斯福卻不認識他們。這時，他看得出雖然這些人都認識他，然而表情和態度卻顯得很冷漠。

羅斯福想出一個能接受自己不認識的人，並能同他們搭話的主意。於是他對坐在自己旁邊的陸思瓦特博士悄聲說道：「陸思瓦特博士，請你把坐在我對面的那些客人的大致情況告訴我，好嗎？」陸思瓦特博士便把每個人的情況簡單地告訴了羅斯福。

瞭解大致情況後，羅斯福再藉機向那些不認識的客人提出一些簡單的問題，交談的過程中，他瞭解到他們的性格特點、嗜好，知道他們曾從事過什麼行業、最得意的事是什麼。掌握這些後，羅斯福就有了同他們交談的資料，並引起他們的興趣，在不知不覺中，羅斯福便成為他們的新朋友。

在與陌生人的交往中，要善於引發他的興趣，使對方覺得你對他非常關心，就會變不認識為認識，廣交天下朋友。

● 抓住閒聊機會，讓他人認識你

許多會交朋友的人，都能抓住閒聊的機會，讓別人認同他，並樂意為他辦事。求人幫忙的關鍵，取決於彼此之間的交流、交談。許多事就是在不經意的閒聊中取得雙方的共同點，在思想上和心理上產生一種共鳴、達成一種共識，並從中獲得別人的認同，一些事便輕而易舉地辦成了。

(1)「原來，友情就在一句話裡」

人與人之間交往是從交談開始的，閒聊是拉近距離，在思想上溝通的有效手段。很多時候，透過閒聊，可以讓兩個看似毫不相關的陌生人變成朋友。

有一次，某個人獨自去看電影，看到一半時卻停電了，他感到十分難受，旁邊又沒有一個熟人可以交談。沒想到身旁的人開口與他搭話：「沒電真討厭，你說是吧？」這正合他的心意，本來他正想不出如何來打發這無聊的時光，準備起身離開電影院呢！於是兩人天南地北地閒聊起來，最後電影散場時兩人成了好朋友，而且後來還保持聯繫。事後他感歎地說：「原來，友情就在一句話裡面。」

(2) 閒聊不要只談自己的得意事

在與人閒聊中，即使是再好的朋友，也不要只談自己的得意事，因為你的得意只會襯托出別人的不幸，甚至認為你講述自己的得意是在嘲笑他的無能。這樣，對方肯定不會喜歡你，也不會認同你了。

某人約了幾個朋友來家裡吃飯，這些朋友都彼此熟識。主人將他們聚集主要是想藉著熱鬧的氣氛，讓一位目前正陷入低潮的朋友心情好一些。

這位朋友不久前因經營不善，關閉了一家公司，妻子也因為不堪生活的壓力而與他談離婚的事。內外交迫，他實在痛苦極了。

來吃飯的朋友都知道這位朋友目前的遭遇，大家都避免去談與事業有關的事，可是其中一位朋友老吳因為最近賺了很多錢，酒一下肚，忍不住就開始談他的賺錢本領和花錢功夫，那副得意的神情，連主人看了都有些不舒服。而那位失意的朋友則低頭不語，臉色非常難看，一會兒去上廁所，一會兒去洗臉，後來他提早離開了。主人送他出去時，他憤憤地說：「老吳會賺錢也不必在我面前說得那麼神氣吧！」

主人瞭解他的心情，因為多年前自己也遇過低潮，而當時正風光的親戚在自己面前炫耀薪水、年終獎金多高，那種感受如同把針一支支插在心上一樣，說有多難過就有多難過。

因此與人相處切記——不要在失意者面前談論你的得意。

如果你只顧談自己最得意的事，對方就會疏遠你，避免和你碰面，以免再見到你，於是不知不覺就失去了一個朋友。和朋友閒聊的話題很多，你可以多談對方關心和驕傲的事，這樣較能贏得對方的好感和認同。

很多人在閒聊中，往往會忘記這條根本原則，只知一味談論自己或與自己有關的事情，而對於對方的事卻表現地很冷淡。這樣的結果是，每個人只顧著談自己關心的事，談話貌合神離，最後交際失敗。

我的一位好朋友在某地區人事局做人事調度工作，他剛到人事局的時候，在同事中一個朋友也沒有。當時，他正春風得意，對自己的機遇和才華滿意得不得了，因此每天閒聊中都在吹噓自己在工作中的成績，比如：每天有多少人請求他幫忙、哪位幾乎記不清名字的人昨天又硬是給他送了禮等等，不過，同事們聽了以後不僅沒有讚揚他的成就，還極度不高興。

後來還是由當了多年高層主管的父親一語點破，他才意識到自己的癥結在哪裡，從此很少談自己，而是多聽同事說話。因為別人也有很多事情要吹噓，能讓他們將自己的成就說出來，遠比聽別人吹噓更令他們興奮。

後來，每當他有時間與同事閒聊的時候，他總是請對方大方地把他們的歡樂炫耀出來與他分享，並只在對方問他的時候，才謙虛地說一下自己的成就。

成功的談話應當是：少談自己，多談對方關心的事，這樣言語才會投機，辦事才會順利。

(3) 在閒聊中找到共同點

沒有人會喜歡一個閒聊只講他自己，而不關心對方的人，人們只願意和那些與自己有共同話題的人交往。

前耶魯大學文學教授威廉萊亞．惠勒普斯在《人性》這篇論文中這樣敘述：

我在八歲那年的一個星期六，去斯托拉多姨媽家度過週末。記得傍晚時分來了一位中年男子，他先和姨媽嘻嘻哈哈地談了好一會，然後便走近我的面前和我說話。當時我正迷上小船，整天抱著小船愛不釋手地玩。起初以為他只是隨便和我聊幾句，沒想到他對我說的全是有關小船的事。

等他走了以後，我還念念不忘，對姨媽說：「那位先生真了不起，他懂許多關於小船的事，很少有人會那麼喜歡小船。」

姨媽笑著告訴我，那位客人是紐約的一位律師，他對小船根本沒有研究。

我不解地問：「那為什麼他的話題都和小船有關呢？」

「那是因為他是位有禮貌的紳士，他想和你交朋友，知道你喜歡小船，所以專門挑你喜歡的話題和你說。」姨媽笑著告訴我其中的道理。

所謂的共同點，就是雙方都感興趣的話題。能在閒聊中很好地駕馭共同話題，你肯定會成為受歡迎的人物。

善於交友、辦事的人都是善於交談的人，即便是完全陌生的人，他也能打破沉默，在閒聊中找到雙方的共同點。抓住了共同點，就是抓住談話的話題，那事情就好辦了。

與陌生人閒聊，最重要的就是能夠盡快找到雙方的共同點。怎樣才能與初次見面的人之間找到共同點呢？

‧察言觀色，尋找共同點

一個人的心理狀態、精神追求、生活愛好等等，或多或少都會表現在他們的表情、服飾、談吐、舉止等方面。只要你善於觀察，就會發現彼此的共同點。

在火車上，一名中文教師見到對面的座位上，有一個年輕人正在看一本世界名著，於是主動與他交談：「請問你主修什麼科系？」對方回答：「我是中文系。」「哎呀，我也是。你們學校用的是什麼版本？……」

由於這位中文老師仔細觀察、尋找共同點，便打開了交談的思路。當然，察言觀色發現的東西，還要同自己的興趣愛好相結合，自己對此也要有興趣，才有可能打破沉默的氣氛。否則，即使發現了共同點，也依然無話可講，或講一兩句話題就卡住了，反而挺尷尬的。

・以話試探，偵察共同點

陌生人相遇，為了打破沉默的僵局，主動開口講話是必要的。有人以招呼開場，有人以動作開場，一邊幫對方做某些急需幫助的事，一邊以話試探，還有人透過借書、借報紙展開交談。

劉女士到醫院裡就診，坐在候診室裡，鄰座坐著的一位大姐很健談，她主動和劉女士閒聊：「妳是來看什麼病的呢？聽口音不太一樣，妳老家在哪裡呢？」當她得知劉女士是台南人時，很高興地說：「台南文化古蹟非常美，我以前多次出差去過……」

劉女士便問：「那您在什麼單位工作呀？」於是她們親切地交談起來，等到就診時，她們已經是熟悉的朋友了，分手時還互邀對方做客。

這種融洽的效果看上去是偶然的，實際上也是有其必然原因的，是透過敏銳的偵察發現共同點，交際才能如此自如。

・聽人介紹，猜想共同點

你去朋友家作客，遇到有其他陌生人也在場，對於兩位都很熟識的主人，會馬上出面為雙方介紹，說明雙方與主人的關係，各自的身分、工作，甚至是個性特點、愛好等等。細心的人從介紹中，馬上就可發現對方與自己有什麼共通點。

一位公務人員的科長和一位中學的教師，在朋友家相遇了，主人幫這對陌生人做了介紹，他們發現彼此都是主人的同學這個共同點，馬上就圍繞「同學」這個點進行交談，相互認識和瞭解後，很快就熟了起來。在這當中，重要的是在介紹時要仔細地分析、認識對方，發現共同點後再於閒聊中延伸，不斷地發現新的共同關心話題。

・揣摩閒聊，探索共同點

要發現陌生人和自己的共同點，可以在對方與別人談話時留心分析、揣摩，也可以在對方和自己交談時注意對方的話語，從中發現共同點。

在公車上，男孩不慎踩到了旁邊一位老人的腳，他連忙道歉：「對不起，對不起！」老先生笑逐顏開地說：「聽你的口音是南部人吧！」男孩不解地點點頭，老先生忙說：「我曾經在南部工作了三年，那是十年前的事了，現在南部變化挺大的吧！」這一路下來，男孩與老先生談得很投機，後來還多次去拜訪老先生，聽老先生講述人生經驗果真有很大的受益。可見透過細心揣摩對方的談話，可以找出雙方的共同點，陌生人變為熟人，進而發展成朋友。

(4) 用閒聊打開辦事之門

閒聊好比一把可以輕易地打開辦事之門的鑰匙。

人們的興趣、愛好往往是大腦中的一個興奮點。我們如果在閒聊中根據不同人的興趣愛好，從不同的話題入手，能比較容易地開啟對方的心扉，步入對方的心靈深處，有效地激發對方思想感情的共鳴，順利辦成所求之事。

有一次，一位業務員到客戶的工廠商談簽訂業務合約的事宜。一進廠長辦公室，只見牆上掛了幾幅裝裱精緻的書法長幅，仔細一看，是篆書，便與廠長閒聊起來：「廠長，看來您對書法一定很有研究。唔！這幅篆書寫得好，稱得上『送腳如游魚得水，舞筆似景山興雲』。真美！看這裡懸針垂露之法的用筆，就具有多樣的變化美，真是好極了！」

廠長聽到此人談吐不俗，還懂漢代書法家曹全的懸針垂露之法，一定是書法同好，連忙熱情地招呼說：「請坐，請坐下細談。」這樣，廠長在無意中已將這位「書法同好」視為「知音」，後來當業務員切入談合約之事時，自然就「好說」多了。

求人幫忙，並不總是在熟人之間進行，有時不得不闖入陌生的領域，進入一個陌生的環境，這時，閒聊可以迅速打開局面，達到水到渠成的辦事目的。

有一次，一個年輕人去求一位著名書法家辦事，沙發上坐定後，年輕人隨手從茶几上拿起一份刊有整版書法家作品的刊物，再看看牆上書法家的幾幅作品，在閒聊中年輕人說：「我最近想學書法，但就是拿不定先學行書好，還是楷書好？」

「呵……年輕人是應該學點書法，現在呀……」於是書法家滔滔不絕地說起了書法可憂的現狀、中國書法的燦爛歷史，以及學習書法的正確途徑、合理步驟等等。年輕人「豁然開朗」，還從書法家那裡懂得了許多書法知識。他的成功正是閒聊的結果。

交友時，利用閒聊的機會，在閒聊中找到共同點，同時，在閒聊中勇於表現自己，使對方認同、認可你，就算再難辦的事也不是問題。

●不把話講完，也不把觀點講死

在現實生活中，不少交談是在陌生人之間進行的。在長途機艙裡、列車上，陌生的鄰座之間需要交談；在電影院、咖啡廳、聯誼、酒吧，更多的陌生人需要交談；在聯繫工作、求人辦事，甚至購物、走路時，也需要與陌生人交談。

生活步調越來越快，人事流動越來越頻繁，人際關係越來越廣泛，和陌生人交談的機會也越來越多。但怎樣與陌生人交談，並演變成交朋友、求人幫忙的交談效果，值得我們學習。

(1) 巧找話題，勇於交談

交談是建立良好人際關係、求人辦事的基礎，是促進人與人之間感情進一步融洽的潤滑劑，是傳遞資訊的重要渠道。

與陌生人相識、求幫忙，必須勇於交談。有些人一見到陌生人就渾身不自在，「不好意思」交談；有人感到無從啟齒，「沒有辦法」交談。他們也許顯得侷促不安，尷尬窘迫；或欲言又止，沉默寡言；或說話生硬，使人誤解……產生這種現象的原因之一是：缺乏和陌生人交談的勇氣。

試想一下，一個沒有勇氣同陌生人交談，或者不會與陌生人交談的人，又怎能順利地求人幫忙呢？

・敢於同陌生人交談，善於找話題。

在辦事過程中，交談要善於尋找話題。有人說：「交談中要學會沒話找話的本領。」寫文章，有了好題目，往往會文思泉湧，一揮而就；交談，有了好話題，就能使談話融洽自如。

每次與陌生人交談時，最好尋找對方也熟悉的人和事，彼此就能對上線，引出更多話題。尤其是談到彼此都與之關係很深的人和事，當談到這類話題，你們之間的距離就會快速地縮短。

• 巧妙地借用對方的某些材料為題，借此引發交談。

有人善於借助對方的姓名、年齡、服飾、居住地等等，即興地引導出話題，效果大多不錯。

• 與陌生人交談時，還可以先提一些「投石式」的問題，在略微瞭解後再有目的地交談，便能說得更加自在。

如在聚會時見到陌生的鄰座，便可先詢問：「你和主人是同事還是老同學？」無論問話的前半句對，還是後半句對，都可循著對的一方面交談下去；即使對方的回答不是兩種選項之一，也可以繼續談下去。

• 如果能問明陌生人的興趣，直接針對興趣發問，便能順利地進入話題。

如果對方喜愛象棋，便可以此為話題，談下棋的樂趣，車、馬、炮的運用等等。如果你對下棋略通一二，那肯定談得更投機。如果你對下棋不太瞭解，那正是個學習的好機會，可靜心傾聽，適時提問，藉此大開眼界。

引發話題的方法很多，諸如「借事生題」、「即景出題」、「由情入題」等等。可巧妙地從某事、某景、某種情感引出一番議論。

(2) 要注意給別人說話的機會，讓對方多講話

交談，就是互相交換談話，而不是一方發表演說。只有這樣，才能達到理想的談話效果。

現實生活中，有人很健談，說起話來滔滔不絕、口若懸河，對方完全沒有插嘴說話的機會，這樣的習慣是很不好的。既然是交談，就不能一個人唱獨角戲，只管自己說得痛快，讓別人插不上話。相反地，當自己談了對某一問題的看法時，就要有意地管住自己的嘴，請對方談談有什麼想法。這既是為了使談話更為深入，也是尊重對方。

在與陌生人交談時，別以為自己必須一直說下去，要把說話的機會留給對方。學會傾聽，讓對方多講話，反而對自己有助益。

有一位在報社任職多年的小記者，後來成了一家大企業的部門主管，薪水上升了幾倍。認識這位記者的人都知道，他身材矮小、口才遲鈍，也沒有什麼傲人的學歷，這樣的人，何以在數十個應徵者中脫穎而出呢？

原來他在接到面試通知後，立刻去仔細搜尋資料，知道了這家創辦人的生平背景。

從背景資料中他發現這位企業負責人早年進過牢獄，這些不足為人道的事，這位記者暗記在心。同時他知道這個大老闆在出獄後，從一個路邊的小水果零售攤起家，後來涉足建築業，最後才有了現在的大企業。

這位記者在面試時說：「我很希望在這樣組織健全的人企業效勞。聽說您當年隻身北上闖天下，由一個小小的水果攤開始，到今日領導萬人以上的企業……」那個大老闆有段不堪回首的牢獄生涯，所以從不願提起過去。不料這個記者能避開那不光彩的一面，直接把出獄後的創業和他北上闖天下連起來。這樣他就名正言順地說起了他的成功史，而且毫無愧色，甚至說到超過面試時間，大老闆還有些意猶未盡。

原本面試應該談的應徵話題，像是介紹自己、對工作未來的計劃、期許等等，這些記者幾乎連提都不用提，只要當聽眾就行了。如果這個記者滔滔不絕地介紹自己，說自己如何如何，把自己誇耀一番，肯定會出現另一個結局。

把說話的機會留給對方，讓對方多說話，是交談的一項絕招。

(3) 說話留餘地，避免不必要的爭論

和陌生人交談，應該留有餘地、留有空缺讓對方接話，使對方感到彼此的心是相通的、交談是和諧的，才能縮短雙方的距離。因此，和陌生人交談，千萬不要把話講完，也不要把觀點講死，應該虛懷若谷、歡迎討論，最好把下結論的機會留給對方。

與陌生人談話要留有餘地，不要把話說得太滿。這樣會造成雙方都窘迫的局面，甚至還會發生爭吵，這顯然是不便於交朋友辦事的。生活中，常可以看見兩個人為了一個問題爭得面紅耳赤，主要原因就是兩邊都把話講死了，沒有留空間和餘地。例如，一個說「肯定如此」，另一個「肯定不是這樣」；一個說「絕對可靠」，一個則說「絕對不可能」等等。這時爭論的雙方為了維護各自的自尊和自信，都會堅持自己的觀點，互不相讓。

事實上，碰到這種情況時，雙方都不要把話說得太死，不妨留有餘地，用些「可能」、「也許」、「多半」之類的詞句。這樣不把話說死，對方心理上就能接受，不僅可以給對方留個說話的空間，繼續說下去，還可以避免無謂的爭論。

把話說完，把觀點講死，就像把杯子倒滿了水，再也滴不進一滴水，再滴就溢出來了；

也像把氣球充足了氣，再也灌不進 絲空氣，再灌就要爆炸了。

和陌生人交談也是這樣，杯子留有空間，就不會因為加進其他液體而溢出來；氣球留有空間，便不會因一些空氣而爆炸；說話留有空間，才能避免無謂的爭論，才能把話題和諧地繼續下去，達到圓滿的結果。

我們不妨想一想，我們和陌生人交談，是方便交朋友辦事，何必鬧得雙方不愉快，最後誰也幫不成誰的忙呢？

● 稍微透露自己的隱私，讓人感到親近

在交友時，你稍稍透露自己的隱私或缺點，對方會覺得你這個人很坦蕩，因此對你感到親近，這一點對求人辦事是非常重要的。

那些會交朋友的人，即使與對方並不親密，也會創造一種親切的氣氛，必要時暴露一些隱私，這樣，就是反對的人也會對他產生親近感，並樂意為他所用。

有位心理學家在紐約市的廣播節目中介紹了三位候選人後，要求聽眾從三個人中選出一個人來。關於這三個候選人的情況，首先介紹第一位，他具有政治家的資歷、高學歷和良好人品，然後介紹第二個人的政治經歷及實際工作成績，關於第三位候選人，只介紹他的私生活，例如他非常疼愛孩子、有抽菸的習慣、每天帶著狗去散步等等。

投票的結果是第三位候選人獲得壓倒性的勝利，儘管選民們不知道他作為政治家的能力如何。這大概是因為這位候選人讓選民們感到他最容易親近的緣故吧！

這個實驗表明，選民們投票時的判斷基準，比起政治議題，他們更重視候選人是否讓他們感到親切。這個心理實驗還告訴我們，要讓一個人對你感到親切，就應該與對方進

行較有人情味的交流。

三木武吉是日本很有名的政治家。二次大戰後首度競選時，他曾到川備縣的高松市去講演。當他講到「戰後的日本怎樣才能馬上恢復建設」時，突然，聽眾席中傳來一個婦女的喊聲：「喂，三木武吉，你不是娶了六個老婆嗎？像你這樣的人怎麼能治理好日本呢？」

三木武吉聽後沒有驚慌，他鎮靜自如地回答道：「這位女士，確實如此，我年輕時是個享樂主義者，娶了好幾房妻子，而且戰爭中也常帶著她們東躲西藏地避難，這可以說是男人的劣根性。但現在，她們都已經人老珠黃了，如果我把她們拋棄了，今後誰來養活她們呢？還有一件事妳說的不正確，是七個，不是六個。」聽了他的回答，全場響起了熱烈的掌聲。選舉的結果是三木武吉以壓倒性高票當選。

三木武吉巧妙地透露了自己的隱私，使選民的反感情緒變成了對他的親切感和好感，從而獲得選民的支持。親切在交友辦事中是同樣適用的，有時稍稍透露出你的個人隱私和缺點，就能使對方對你產生好感。

在這方面，英國王室也是一個非常好的例子。英國王室非常受國民的愛戴，也許大部分原因是因為他們的私生活非常公開。

如果你在交友辦事時，把自己打扮成神秘的角色，對自己的私生活完全隱瞞，那對方肯定認為你並不信任他，認為你沒有把他當成朋友，沒有把他當成知音，自然而然地，對方不會親近你，更不要提辦事情了。

(1) 暴露自己的弱點，是高明的交際策略

在特定的情況下，有意暴露自己某些方面的弱點，可以使對方更容易接受你，從某種意義上說，這是一種相當高明的交際策略。

曾有一位記者去拜訪一位民意代表，目的是獲得有關他的一些醜聞資料。然而，還來不及寒暄，這位民意代表就對想質問的記者說：「時間還長得很，我們可以慢慢談。」記者對民意代表這種從容不迫的態度大感意外。

沒多久，秘書將咖啡端上來之後，這位民意代表端起咖啡喝了一口，立即大嚷道：「哦！好燙！」咖啡杯隨之滾落在地。等秘書收拾好後，民意代表又把香菸倒著插入嘴中，從濾嘴處點火。這時記者趕忙提醒：「先生，你將香菸拿倒了」。民意代表聽到這話之後，慌忙將香菸拿正，不料卻將菸灰缸碰翻在地。

平時趾高氣揚的民意代表出了一連串的洋相使記者大感意外，不知不覺中，原來的那

種挑戰情緒消失了，甚至對對方懷有一種親近感。

其實這整個過程是民意代表一手安排的。當人們發現傑出的權威人物也有許多弱點時，過去對他抱有的恐懼感就會消失，而且受同情心的驅使，還會對對方產生某種程度的親密感。

每當新學期開始時，學生都會對新老師和不同教法感到恐懼，所以有些老師故意在上第一堂課時暴露自己的弱點，比如他會說：「我的字寫得一點也不好看，我的書法更差，在上小學時，我的書法一直都是丙，因此我不太喜歡寫黑板。」

那些學生聽了會在心中暗想：「原來老師也有弱點，我跟他們並沒有什麼不同嘛！」

如此一來，學生的心情便會放鬆下來，並且在心理上產生某種程度的優越感。

有一個民意代表演講時，常常故意在麥克風前打個噴嚏，或者裝出踉蹌的動作，像這一類故意演出的小失誤，可以緩和本來緊張的氣氛。一般聽眾對於民意代表抱有戒備心，但是當聽眾看到他的小失誤之後，心中就會這麼想：「原來他也跟我們沒兩樣，也有失誤的時候。」因而對他產生親近感。

每個人都有弱點，故意表現出一些自己的弱點，在某種情形之下，將能成為強力的武器。由此可見，在交友時要使別人對你放下警惕，產生親近之感，使對方成為自己的朋友，並為自己辦事，只要你很巧妙地、不露痕跡地在他人面前暴露某些無關痛癢的弱點，出點小糗，表明自己並不是一個高高在上、十全十美的人物，這樣會使人在與你交往時鬆一口氣，不與你為敵。

(2) 適當暴露小毛病，可以贏得大信任

人大多都會想盡辦法掩飾自己的缺點，宣揚自己的優點。因此，一旦有人明白地指出自己的缺點，反而會讓人覺得誠實而對他產生信賴感。

有一位美國加州大學著名教授在課堂上提出自己做的老鼠實驗結果，此時一位學生突然舉手發問，提出了看法，並問這位教授假如用另一種方法來做，實驗結果將會如何？所有人都看著這位教授，等著看他如何回答這個他根本就不可能做過的實驗。結果這位教授不慌不忙，直截了當地說：「真抱歉，我沒做過這個實驗，我不知道。」

同樣的情況假如發生在我們東方人身上，情形恐怕就會完全不同。我們一定會絞盡腦汁，說出「我想結果會是……」的話來。

一般人都有不想讓別人看出自己弱點的心理，因此很難開口說「不知道」。其實，有時承認不知道，反而可以增加人們對你的信任和親近。

因為直截了當地說不知道，會給人留下非常誠實的印象，並且敢在當眾面前承認自己不知道，其勇氣更讓人佩服。這樣，人們會認為你所說的其他觀點一定是千真萬確的，對你也就會更加信任。此外，透過說「不知道」，也拉近了與眾人的距離，使你在可信的同時顯得更加真切。

米洛的維納斯是女性人體美的典範，而這座雕像折斷的雙臂不僅沒讓她黯然失色，反而使她聞名於世。所以，不要怕暴露你的缺點，有時它會使人覺得你更加誠實可信。

因此，稍稍表露一些缺點用以表現你的誠實，是提升自我形象的有效手法。但要注意，不要讓自己所有的缺點都「一覽無遺」，這樣一來，別人只會覺得你毛病太多，一無是處，而不會認為你很誠實。

所以，適當地表露缺點的做法是：暴露出一兩點無傷你整體形象的缺點，如愛睡懶覺等。這樣，別人會覺得你真實，並且會產生除了這一兩處缺點以外，你沒有其他缺點的錯覺。

●讓對方放心地說出實情

有一位知名的攝影師，很擅長捕捉小孩子天真爛漫的表情。他拍照時會說：「好了，拍照結束了，謝謝！」當孩子們聽到「拍照結束」時，本來在相機前生硬的表情就會完全放鬆。這時，他便迅速按下快門，輕鬆地捕捉到小孩子充滿解放感的自由世界。

很多時候，當人們處於嚴肅場合時，心理上會產生緊張感，而且會裝出與平常不同的樣子。一旦從這種緊張氣氛中解放出來，就會恢復本來的自然面目，且較容易吐露真心話。同樣，在照相機前，即所謂的正式場合，要捕捉小孩純真的表情是很困難的，但是你如果對他說：「結束了。」他就會回到平時的氣氛中，展現出天真的笑容。

這或許就是人的天性。從一個正式的空間到一個非正式的空間的剎那，能產生一種安全感。這時，你會很容易聽到對方所隱藏的真心話。

有一家企業做民意調查時，大家盡說些無關痛癢的話，甚至根本說不到重點，這讓會議主持人很為難。最後主持人說：「大家都辛苦了，先休息一個小時，大家可以輕鬆地閒聊……」於是，大家就開始暢談起來，此時許多真心話也就很自然地傾吐出來了。後來，會議公布的結果只有小部分是正式會議上說的東西，大部分是休息時閒聊的內容。

主持人有意識地創造一種非正式的場合，讓參加者感到輕鬆，以便吐露心聲，就這樣，參加者被他們巧妙地「欺騙了」。

一位負責稅務工作的王先生要調查一位企業家，在調查結束後，他請這位企業家喝茶閒聊。企業家在接受稅務調查時一直非常緊張，等到事情告一段落後，就感到鬆了一口氣。在閒聊中，企業家不知不覺就不小心將逃稅的實情洩漏出來了。

(1) 借助第三者的名義，讓對方吐露心聲

人在許多場合不願說出心裡話、不願合作，是因為有戒備心所致。讓對方放心，他才會說出實情、才能替你辦事情。要求人辦事，必須要消除對方的戒備心理，使對方對你放心。

有時候，以詢問第三者的口氣提出問題，利用「不知道他人有何想法」這句話，就可以消除對方的戒備心理，讓對方放心，從而說出真心話。

例如，在做與「性」有關的調查時，如果你問年輕女性：「妳和幾位男性有過性關係？」恐怕沒有人會回答你，即使回答你，可能大部分都屬於信口開河。儘管現代女性也會滿不在乎地談論性方面的話題，但是如果直接問到她們的性關係，大多仍會產生強烈的抵觸心理。

如果你改變一下詢問的方式，問她：「妳周圍的年輕女性對性有什麼樣的認識？」對於這樣的問話可能馬上就會有人回答：「就是一起玩玩嘛，大家都是這樣的呀！」當然，這裡所說的「大家」，實際上就是說話者本人。

像這樣以詢問第三者的意見、想法的形式提出問題，對方就能比較輕易地開口回答你。因為不是在說自己的意見，對方的責任感和壓抑感就會減輕，戒備心也相對變弱，最後說出實情，吐露出真心話。這時，看起來是替第三者發表意見，其實在談論的都是自己的真心話。

不直接問對方的意見，讓他借助第三者的名義說出來，對方就懷著「我是在談論一般人的意見，這與我無關」的輕鬆心情，侃侃而談。借用此種方法，去瞭解對方的深層心理，達到求人幫忙的目的。

(2) 巧找話題，讓「悶鍋」開口說話

求人幫忙，最難過的就是碰上「悶鍋」。任你千說萬道，他始終靜默不開口，實在令人傷腦筋。當然，如果是可有可無的閒聊，不談也就拉倒；然而在某種情況下，確實需要透過交談來達到某一特定的目的時，那就非得設法打開這「悶鍋」不可了。

有一種佯愚啟言術，就是利用人們所具有的、一種本能的對明顯謬誤不能容忍和對真理的維護心理，故意以違反常識、常理或事實的無知言行，激起對方不能容忍，必欲糾正之心，從而使對方自覺或不自覺地在做出反應的同時打開話閘子。

有一位記者想探詢胡佛的政見，他想了許多辦法，但胡佛始終一言不發。他們同坐在一節火車車廂裡，失望、沮喪的情緒籠罩著這位專門探聽政界要人言論的記者。這時，窗外出現了一片開墾的土地，這位記者故意自言自語地說：「想不到這裡還是用鋤頭開墾土地的呢！」

「胡說！」坐在一旁沉默得可怕的胡佛突然開口了：「這裡早就用現代化的方法來代替那種亂墾亂伐了！」接著他便大談起墾殖問題來。這樣，記者終於如願以償，滿載而歸。不久，《胡佛談美國農業墾殖問題》的文章就見報了。

胡佛作為一位未來的美國總統，若非必要時，自然是不肯輕易開口的，對「無冕之王」的記者更會如此。然而，這位記者抓住了胡佛的知識水平和是非觀念，肯定不會對別人隨便抹黑美國的無知妄論不聞不問、坐視不答的弱點。記者採用了佯愚啟言術，終於使胡佛在無意中幫自己辦成了採訪的事情。

● 與不得勢的人交往好比買原始股

人類的習慣之一，是往氣勢雄偉、優秀出色的人身邊靠攏。這似乎是很自然的傾向，好像能與事業有成的人搭上關係，便可以巧妙地利用對方那股氣勢。這是理所當然的一種心理，然而在這種情況下交上的朋友，通常無法培育成可靠的人際關係。

由於萬事順利、春風得意的人，人人都想與其結識，都想與其交上朋友。一方面他應付不來，另一方面也無法與巴結他的人成為真正的朋友。反之，如果與不得勢的人交往，與他成為好朋友，那結果就完全不同了，就像買股票一樣，買到了有價值的原始股。

一個人失勢時，陷入遭到眾人漠視的狀態，原來交往密切的人都可能離他而去。如果你此時伸出援助之手，與之交往，他就會心存感激，銘記在心一輩子。

你的朋友當中，有沒有懷才不遇、很不得勢的人？如果有的話，不要疏遠和冷落他，應該伸出熱情之手，給予幫助和關心。一旦他日後否極泰來、時運亨通，他第一個記起來的就是你，他第一個要還人情的當然也是你。到那時，你找他幫忙，他肯定也會伸出熱情之手的。

(1) 幫助不得勢的人

對失勢的人說一句窩心的話，好比幫跌倒在地的人扶上一把，可以讓他得到寬慰和支持。對一個身陷困境的窮人，幾十塊錢的幫助也許就有可能會激勵他做出一番事業，闖出自己的天下。

保羅是美國一家律師事務所的律師，因一念之差，他投資的股票幾乎盡虧。在走投無路的時候，他收到一封信，是一家公司的總裁寫的，內容寫道：願意將公司三〇%的股權轉讓給他，並聘他為公司和其他兩家分公司的終身法人代理。他不敢相信自己的眼睛。

他找上門去，那位總裁是個四十開外的波蘭裔中年人。「還記得我嗎？」總裁問。保羅搖搖頭。總裁微微一笑，從碩大的辦公桌的抽屜裡，拿出一張皺巴巴的五塊錢支票，上面夾的名片，印著保羅的地址、電話。

而保羅實在想不起還有這麼一樁事情。

「十年前，在移民局時……」總裁開口了，「我在排隊辦工作證，排到我時，移民局已經快關門了。當時，我還少五美元申請費，如果那天我拿不到工作證，雇主就會另雇他人了。正在我發愁的時候，是你從身後遞了五美元上來，我要你留下地址，好把錢還給你，你就給了我這張名片。」

保羅漸漸回憶起來，但是仍半信半疑地問：「後來呢？」

「後來我就在這家公司工作，我有錢之後，第一件事就想把這張支票寄出，但是一直沒有。我單槍匹馬來美國闖天下，經歷了許多冷落和磨難。這五塊錢改變了我人生的態度，也改變了我的命運。所以，我得好好報答你，我不能隨隨便便就寄出這張五塊錢的支票，因為這五塊錢不再是金錢可以衡量的了。」

故事中的保羅以五塊錢買的原始股，得到了豐厚的回報。所謂「投之以桃，報之以李」，只要我們試著去幫助那些不得勢的朋友，也會獲得豐厚的回報的。

(2) 不要疏遠落魄的朋友

世事滄桑，複雜多變，起起伏伏，實難預料。昨天的權貴，今天可能成為平民；富豪，一夜之間也可能一貧如洗。

從人生的角度來看，人不可能一生一帆風順，受挫、走霉運難免。當人們落難的時候，不僅自己倒楣，同時也是對周圍的人們，特別是對朋友的考驗。遠離而去的人可能從此成為路人，同情、幫助他度過難關的，他可能記你一輩子。所謂莫逆之交、患難朋友，往往就是在困難時候形成的，這時形成的友誼是最有價值、最令人珍視的。

有一位主管失了勢，他昔日的朋友和下屬都離他而去，他的心情很苦悶，一度喪失了生活信心，動了自殺的念頭。這時，他的一個下屬不怕受連累，主動來見他，並開導了他，甚至狠狠地批評他輕生的念頭要不得，鼓勵並指出他前途是光明的，讓他終於堅持了下來。後來這位主管重返職場後，十分感謝他的這個下屬，把他手下最重要的部門交給了這位下屬，並在退休後幫助這位下屬坐到了自己的位置上。

從一定意義上說，對待落魄、失勢者的態度，不僅是對一個人交際品質的考驗，也是建立良好人際關係的契機。

在選舉中，成功者與失敗者就是得勢與失勢最明顯的例子。在獲勝者的辦公室裡，素昧平生的人也會紛紛湧去，落選者的辦公室都無人問津。仔細一瞧，有時甚至連選舉期間原本支援失敗候選人的人，也會轉而投靠到獲勝者的一方。

這是十分落魄的境地。在選舉失敗下，人人離去的情景更令人感到淒涼。在此時如果有人站在失勢者這一邊，失勢者自然會倍感欣慰。如果能得到一番誠摯的勉勵，就會產生往前邁進的奮起心。

在這種情形下建立的關係，不會因為少許挫折即告崩潰。更何況，這種失勢的人，未必見得永遠處於失敗的處境。倘若希望對方下回勝利時與其結成莫逆，就應該在其失勢時即時伸出援手。

在現實世界裡，盛衰榮枯亦是必然之事。既有逐步攀升的人，也有失足沒落的人。得意的人身邊自然有大批人包圍著，落魄的人身旁則無人靠攏。

然而，一度失勢的人在某種機緣下再度翻身爬起來的例子並不在少數，如果等到失勢的人再度成功才去攀附交情，就為時已晚了。就像買原始股賺大錢一樣，在別人失勢時伸出援手，在他得勢時，就能收回豐厚的回報。

(3) 選對股票看對人

與不得勢的人交往更要掌握尺度和分寸。在人際交往中，並不是每一個不得勢的人都值得你去交往、值得你去幫助。

有些不得勢的人，無論你怎樣去幫他，也不會給你帶來任何好處。誰會傻到花錢去買那些不會增值，還有可能失值的股票呢？

例如有些失勢的人，他犯了大錯誤，或者犯了非常大的過失，根本就沒有東山再起的可能，再說你與他交往，給他施以援手，還要冒一些風險，受到他對手的指責和忌恨，這種得不償失的事當然還是不要去做為妙。

與不得勢的人交往有很大的學問，有時還要現實一點。對那些沒希望時來運轉的失勢者，再幫也無益。而對那些一旦時來運轉就能幫你出力辦事的失勢者，就要適時拉他一把，幫他脫離困境。

如果你認定某個不得勢的人將來必定是個成功人物，只是暫時不得勢，將來大有作為，可以適時給予忠告，指出其失敗的原因，勉勵他改過遷善；如果自己有能力，更應給予合宜的協助，甚至施予物質上的救濟。而物質上的救濟，不要等他開口，要隨時採取主動。有時對方急需救濟，又不肯對你明言，或故意表示無此需求，你如得知此情形，更應盡力幫忙，並且不能有絲毫得意的樣子。一面使他感到受之有愧，一面又使他有知己之感。寸金之遇，一飯之恩，可以使他終生銘記。日後如有所需，他必奮身圖報。他若是蛟龍，必然非池中物，鹹魚翻身，是不會忘了你這個知己的。

「人情冷暖、世態炎涼。」自己有能力時，不妨多接納一些可結交的失勢之人。

● 記住與朋友交往時的小細節

在交友的過程中，如果你能記住對方的一些細小之事，他就會對你消除戒備心，並產生強烈的信任感。

有些政治家為籠絡人心，其手段令人咋舌。例如，見到只有一面之交的人時，他會親切地叫著對方的名字說：「嗨，約翰，好久不見了，你好嗎？」等等。可是實際上，別說對方的名字，就連相貌他也未必記得，但是他會透過秘書知道對方的名字，就好像他還記得對方一樣。如果知道對方是某重要人物的兒子，就會馬上和他握手，拍著他的肩頭以表示親近，也不忘詢問對方父親的近況，說：「你父親最近身體好嗎？」他們深知這微不足道的一點關心會使對方信任他，日後加倍地回報他。

因為在一般情況下，只有相當熟悉、親近的關係才稱呼對方的名字，或者詢問對方父母是否安康。稱呼對方的名字或詢問對方父母是否安康，往往會使對方深受感動，使他感到「這個人很關心我」。被親切稱呼名字後輕輕拍打肩膀的人很快就會產生信任，最後成為其強而有力的支持者。

這種心理戰術在博取女性歡心時可以說也同樣有效。例如對於才見過一兩次面的女性，你可以從她的談話中注意到她的興趣和愛好，等到下一次見面時，你可以很自然地問道：「妳養的貓最近怎麼樣？」僅僅這一句話，這位女士就會覺得「他對我這麼關心！」心中不免產生一種信任和感激之情。

在與朋友交往的過程中，能記住對方的生日和一些生活中的細小之事，在談話中突然提起，可以自然地獲得朋友的信任。

(1) 從記住對方的名字開始

記住與朋友交往的細小事，應該從記住對方的名字開始。名字雖然只是一種文字符號，但沒有人不看重自己的名字的，誰都希望別人能記住自己的名字。

美國一位學者曾經說過：「一種簡單但又重要的獲得好感和信任的方法，就是牢記別人的姓名。」善於記住別人的姓名，既是一種禮貌，又是一種感情投資。姓名是一個人的標誌，人們由於自尊的需要總是最珍愛它，同時也希望別人能尊重它。

在人際交往中，當你與打過交道的人再次見面，如果對方能一下叫出你的名字，你一定會感到非常親切，對對方的好感和信任也就油然而生；而如果對方只覺得你眼熟，再次向你請教「貴姓」，雙方一定都覺得非常尷尬，親切愉快的氣氛也會一掃而空。

在與陌生人的第一次交往中，你可能與對方談得很融洽，彼此透過這第一次的交往，已有成為好朋友的可能。可當你們第二次或第三次見面時，你卻忘了對方的名字，甚至還得向對方再次詢問他／她的名字。此種情況下，對方可能就失去了對你的信任，你們的交往更可能會走向失敗。

這並不難理解，一般人對於自己的名字都很看重，從內心裡都異常希望別人能記住自己的名字，並在見面時親切地叫出來。如果你忘了對方的名字，他就會感到你對他的輕視，並不是真心實意地和他交往，於是他對你就不會有好的態度，甚至拒絕與你來往，這樣的事情是很常見的。可以設想，你連對方的名字這種細小之事都記不住，別人又怎能信任你，為你辦事情呢？

記住對方的名字看來是一樁小事，做到與否，帶來的效果卻大不一樣。

在一家旅館的大廳裡，一位客人來到服務台辦住宿手續，還未等客人開口，服務小姐就先說：「張先生，歡迎您再次光臨，希望您在這裡住得愉快。」客人聽後十分驚訝，露出欣喜的神色，因為他只在半年前到這裡住過一次。這位客人因此感受到了莫大的尊重，進而對那位服務小姐，甚至對她所服務的旅館產生了信任和好感。

美國有一位郵政總局局長能叫出五萬多人的姓名，能記住與對方交往的許多細小之事，他每到一處都高朋滿座，而他不僅可以和許多人攀談聚餐，還能拍著某人的肩膀，瞭解他／她的太太／先生和子女的近況，詢問他家後院裡種植的蜀葵長得如何等等。

在任何語言中，一個人的名字對他本人來說不就是最親切、最甜蜜的字眼嗎？

記住別人的名字，是對別人的重視和珍惜，因為你叫得出對方的姓名，對方就會因為你瞭解他的一些細小之事覺得你很重視他，這樣別人才會樂意與你交往，樂於幫你辦事。

(2) 對方的細小事，是辦事的敲門磚

在交友辦事之中，能夠記住對方的一些細小之事，不僅可以贏得對方的大信任，還是你求人辦事的敲門磚。

有一個業務員到一家公司洽談業務，會談結束後，負責這項工作的職員送他回家。交談中，業務員無意中說出他母親在醫院住院。結果第二天，該公司的業務科長就跑到醫院去看望那名業務員的母親。這讓業務員感到非常驚訝和感激，他沒想到對方會記住與他交往的細小事情，結果在簽訂合約時，這個業務員很大方地做了讓步。這完全是對方抓住他的細小之事的結果。

美國第二十九任總統羅斯福能成為眾望之所歸的原因之一，也得益於他記得所交往的人的一些細小之事。

一個名叫艾摩斯的黑人，寫了《僕人眼中的羅斯福總統》一書，書中有一段是這樣寫的：「有一天，我的妻子問總統先生，鵪鶉是什麼樣的鳥？因為我妻子從來沒有見過這種鳥。總統不厭其煩地詳細解釋。當天傍晚，我家的電話響了（艾摩斯夫婦住在白宮的一間小屋裡），妻子趕緊跑去接，原來是總統打來的。總統告訴她在我家屋外的草地上，正有一對鵪鶉停在那兒，叫她從窗戶往外看。他為了這麼微不足道的小事，還特地打電話來，

充分表現出總統先生關懷他人的性格。」

作為一個總統尚能記得與僕人交談的細小之事，並能時時放在心上，這怎麼能不贏得屬下的信任呢？怎麼能不教屬下心甘情願為他效力呢？

小李去一個單位辦點事，因為沒有熟人，也沒有什麼用得上的關係，以致於所求之事並沒有辦成，他失望地走出那個單位。在大門口，他意外地遇到了一個人，似曾相識，好像在哪裡見過，當那個人走近時，他突然想起來曾在一次座談會上見過這個人，這個人是一位散文作家，當時有在座談會上演講。

小李主動地與對方搭訕：「你就是某某作家吧？」

對方一聽小李叫出了自己的名字，停了下來，十分友好地問：「正是。請問先生怎麼稱呼？」

小李說出自己的姓名，並對那個作家表示：「上次在文化座談會上，我聽了你的演講，你講得真好。」

接著，小李說出了演講中的一些細節。比如主辦者如何向大家介紹、中途有人如何提問，以及這個作家的演講內容等等。

作家見小李把一些細節都記得這麼清楚，心裡樂滋滋的，信任感油然而生。他笑著對小李說：「沒想到你聽得這麼有心，有些細節我自己差不多都忘了。」接著他問小李來這裡是不是有什麼事。

小李把所辦之事一五一十說了出來，作家聽了之後說：「這是小事一樁，我幫你打個招呼就行了，我跟他們上面是哥兒們。」

小李沒想到只不過曾參加一場文化座談會，對方並不認識他，自己也只是記得他的一些小細節而已，就這樣順順利利地把事情辦好了。

透過這些例子我們可以知道，不論在工作或生活上，如果你想消除對方的戒備心，使對方對你產生親近感，你就應該記住與他有關的一些細微事情，並找機會說給他聽。這樣你就可以贏得對方的信任和好感，辦起事來就容易得多。

如果你會交友，任何人都可能成為朋友。瞭解他人心理，拿捏分寸、做足人情，遊刃有餘的交友方針，讓你處處受歡迎。

2

二部曲　勤修人際關係的獨門密技

●平時多燒香，急時有人幫

你是否也有以下的經歷：當遇到困難想找某個朋幫你解決時，才突然意識到自己過去有許多時間和機會可以去拜訪對方，卻都沒有去實踐，現在有求於人才前往拜訪，會不會顯得太唐突呢？會不會遭到他的拒絕？碰上這種情形，你免不了要後悔「平時不燒香」了。

有一則寓言說：黃蜂與鷓鴣因為非常口渴，便去找農夫要水喝，並答應給農夫豐厚的回報。鷓鴣向農夫許諾要替葡萄樹鬆土，讓葡萄長得更好，結出更多的果實；黃蜂則表示要替農夫看守葡萄園，一旦有小偷，牠就用毒針去刺。農夫並不感興趣，對黃蜂和鷓鴣說：「你們沒有口渴時，怎麼沒想到要替我做事呢？」

這個寓言告訴我們一個道理：平時不伸出援手，等到有求於人時才提出要替人出力，已經太遲了。

諷刺臨事用人，「平時不燒香，臨時抱佛腳。」是最好的形容。要「平時多燒香，急時有人幫」，真正善於利用關係的人，都有長遠的眼光，早作準備，未雨綢繆。如此一來，在急時就會得到意想不到的幫助。儘管你追得很急，下很大的功夫，人家也可能一口回絕你的請求，只有平時關係建立好，需要時才會信手拈來為你所用。

(1) 修練關係靠平時

與朋友建立「關係」最基本的原則就是：不要與朋友失去連絡，不要等到需要幫助時才想到對方。「關係」就像一把刀，常常磨才不會生銹。有時候，半年以上不與某個朋友聯繫，就有失去這位朋友的風險了。

因此，主動與朋友聯繫就顯得十分重要。試著每天主動與五到十人聯繫，不但能擴大自己的交際範圍，還能維繫舊情誼。你的人脈大概每個月可多十幾位「有力人士」為你打通環節。

《小政治家必備》一書中，教導那些有心在仕途上有所作為的人，至少要搜集二十個將來最有機會成為總理的人的資料，並把資料背熟，有規律地去拜訪這些人，和他們保持良好的朋友關係，當他們任何一個人當上了總理，自然會為你的仕途鋪開一條坦途。

現代人生活忙碌，沒有時間參與過多的應酬，日子一長許多原本牢靠的關係就會變得鬆散，朋友逐漸互相淡漠是很可惜的，所以，一定要珍惜與朋友之間的友誼，即使再忙也別忘了溝通感情。

許多人都有忽視「感情投資」的毛病，一旦與某人結交為朋友，就不再去培育和發展雙方的感情。長久下來，兩個人的關係自然會慢慢淡去，最後就變成陌生人了。

可見「感情投資」應該是經常性的，不可若有似無，要常聯繫、常溝通，經常「有空去坐坐」。

人們在禮貌性的道別時，總不忘加一句「有空再來玩」，先不論這是否是出自肺腑的言語，聽後都讓人感到溫情四溢，自己似乎可以從中體會到我是被人們接受的，是受人歡迎的人。朋友之間需要透過這樣的方式來建立良好的人際圈。

其實，我們需要做的並不多，只是有時間、有心地去朋友家走一走，也許只是隨意地寒暄幾句，也許是進行一次長談，總之，我們在加深對方對自己的印象，讓彼此之間越來越熟悉，關係越來越融洽。

台灣有許多禮節，碰上婚喪嫁娶等大事，親戚朋友就得參加。有許多場合還得送禮，這是長久以來的傳統，也有其存在的必要，因為這是親朋好友經常保持聯繫的一種方式。如果你常年關閉門戶，既不「出去」，也不歡迎別人「進來」，就是將自己孤立起來了。

遇到朋友的人生大事，如果有空最好盡量參加，就算實在抽不了身，也要打電話或託人帶點什麼，表自己的心意。

當對方有困難的時候，更是加強聯繫的時候。如果朋友發生了什麼事，例如生病或遇上不幸的事，應馬上想辦法去看看，平日儘管因工作忙沒有很多時間來往，但朋友遇到困難時要鼎力相助或打聲招呼，能顯出你們之間的深厚情誼。「患難朋友才是真朋友」，關鍵時刻拉人一把，別人會銘記在心。

常常與朋友保持聯繫對你自己會有許多好處，一旦碰上什麼事情，對方也許會直接或間接地幫助你。如果朋友之間平時沒有什麼聯繫，需要時很難找上門去，即使硬著頭皮找上門去，別人也不見得會樂意幫忙。

(2) 廣交朋友，主動燒香

想要多交朋友，建立一張人脈網，就要積極主動。光有想法不夠，必須將它化為行動。

在這個世界上，各行各業都有眾多出類拔萃的人物，他們的影響非同小可，可利用與他們接觸的機會和他們建立良好的關係，這對你的前途至關重要。不要等待，一味地等待只會使你錯失良機，你應該積極地、一步一步地去做，沒有什麼不好意思的。

如果你想多結交一些朋友，你就需要主動去瞭解對方的興趣嗜好。你可以透過多種方式得到他們這方面的資訊，注意與其相處時累積的一些情況，或是透過他的朋友瞭解他的為人處世。

有些人認識新朋友時，總是會設法知道對方的生日。他四處請教這些人，問他們「生日是否會影響一個人的性格和前途」，並藉機叫他們把生日告訴他，然後悄悄地把他們的生日都記下，以防忘記。這些人生日的那天，他就送點小禮物或親自去祝賀。很快的，那些人就對他印象深刻，把他當作好朋友了。

生活中，人與人的交往就是最好的機會。平日多累積一些有益的朋友，他們在關鍵時候幫你一把，甚至有可能會轉變你的一生，所以，要隨時多注意能結交朋友的機會。

例如，朋友請你去參加一場生日聚會、舞會或者其他活動，你不要因為自己手頭事忙，一時懶得動身而拒絕，因為這些場合正是你結交新朋友的好機會。又如，新同事約你出去逛街或者看場電影等等，也可能是發展友誼的好機會。

結交朋友不僅要把握機遇，同時還要創造機遇。

如果你想和剛認識的朋友進一步發展關係，你可以請他們到你家做客，你可花費心思尋找機會跟他多接觸。人與人之間接觸越多，彼此間的距離就可能更近。這跟我們平時看東西一樣，看的次數越多，越容易產生好感。我們在網路媒體或電視中反覆聽、反覆看到的廣告，久而久之也會在心目中留下印象，所以交際中的一條重要規則就是：找機會多和別人接觸。

一旦和別人取得聯繫，建立初步關係之後，便要設法鞏固和發展。人際交往裡，往往分成兩種目的，第一種無非就是想達到某項交易，或有利事情的解決，或想得到別人某些方面的指導。如果並不是為了解決某個問題，或者不是為了某種利益關係，只是為了和對方加深關係、增進瞭解，使你們的朋友關係長期保存下來，這可以看作是間接目的，這種間接目的可以使你的人生更豐富、更有價值。

如果能保持無事相求時也能輕鬆相互連絡的關係，才是最理想的狀態。真正可以親密往來的朋友，越是無事相求時越能盡情地交往，等到遇上有事相托時，即便三言兩語，彼此也能明白對方想說的話。此時，對方會盡己所能地幫助你。

● 滿足朋友的簡單方法

求人辦事、請人幫忙時要滿足他人的需求。

生活中，人們往往只想到自己的需要而不會想到別人。試想，天下哪有這麼好的事？若對方得不到任何好處，還會努力去為你做事？

會交朋友的高手，往往在求人時能替別人著想，並能夠輕而易舉地找到滿足對方的簡單方法。這種滿足不僅僅局限於物質上，也包括在精神上、感情上。根據對方的性格、喜好、地位、興趣，然後投其所好，避其所忌，這樣辦起事來才能進退自如。不能找到滿足對方的方法，就有可能把事搞砸。所以，我們力求找到能夠滿足對方的簡單方法，並以此來迎合對方的心理，打開順利辦事的關鍵點。

(1) 讚美喜歡聽奉承話的人

人各有其情，各有其性。有的人喜歡聽奉承話，讚美這樣的人幾句，他就會盡力幫你的忙。

某一中學的校長面臨著沒有預算修繕校舍的情況，他多次循規蹈矩，層層請示，卻沒有求來一分錢。無奈之下，校長決定向一家私人企業的曹姓老總求援。校長之所以找他，是因為這位老總重視教育，曾捐款五萬元成立「獎教基金會」。但眼下這個老總的企業效益不佳，校長感到向這位經濟困難的老總徵集捐款的希望很渺茫。可是一想到全校師生的生命安全，只好背水一戰了。經過反覆考慮，校長覺得採用讚美對方的方式較適合這場洽談。

「曹老闆，久聞大名。我近日在中學校務會議中再一次聽到教育界同仁對你的讚美，實在欽佩，今日散會返校，途經貴公司，特地來拜訪。」

「不敢當！不敢當！」

「曹老闆你真是遠見卓識，首創獎教基金會。不但在本市能實實在在地支持教育事業，更重要的是，你的思想影響力日漸深遠。獎教基金會由你始創，如今已由點到面，由本市到外市，甚至發展到全國許多地區，名揚四海啊……」

校長緊緊圍繞曹老闆頗感得意之處，從其思想影響力到實際成就方面予以充分肯定，說得曹老闆滿心歡喜、神采飛揚。正當此時，校長開始訴說自己的「無能」和難處：「身為校長，明知校舍搖搖欲墜，一直在干擾學生的學習，日夜危及師生的生命安全，卻毫無良策排憂解難。要是教育界的官員都能像曹老闆這樣，真心地酷愛人才、支持教育，撥款修繕校舍就好了。可是至今向上頭申請不下十次，仍不見分文。」

聽到這裡，曹老闆立即拍拍胸脯慷慨地說：「校長，既然如此，你就不必再去求三拜四了，修繕校舍的費用由我負責。」

校長緊緊握住曹老闆的手，由衷致謝。此時此刻，他一定體會到了給人「真誠讚美」的妙處了。

運用「戴高帽」和「真誠讚美」的方法求人幫忙，要特別注意感情的真實和言語的恰當。虛情假意不但不能引起對方感情上的共鳴，相反地，還可能被對方認為是對他的譏諷和嘲弄。言過其實，過於誇張，反而會引起反感，達不到預期的目的。只有情真意切，言語恰當，火候適中，才能達到預期的效果。

(2) 從實際情況出發，滿足對方的各種需要

從對方的實際情況出發，理解對方的各種需要是最佳關鍵點。無論跟什麼樣的人辦事，我們都應瞭解他的需要，並「對症下藥」，就很容易「藥到病除」，辦事成功。

傑森是一位傑出的商業家，他的投資範圍十分廣泛，包括旅館、電影院、工廠、自助洗衣店等等。可是出於某些考量，他認為應該再投資一項雜誌出版業。經由他人介紹，傑森看中了雜誌出版人魯賓遜先生。魯賓遜是出版業的大紅人，很多出版商都爭相網羅，但始終無法如願。如何才能收購魯賓遜負責的雜誌，並將他網羅到自己的旗下呢？

經過調查和觀察之後，傑森知道魯賓遜恃才自傲，而且瞧不起外行人。但是，另一方面，魯賓遜現在已有家室，對於獨立操持高度冒險的事業已經沒有當初的興趣了，而且對於整日泡在辦公室處理日常瑣事早已深感乏味。

經過幾次接觸，針對魯賓遜個人的性格和心理狀況，傑森開門見山地承認自己對出版業一竅不通，因此需要借助有才幹的人促成事業。接著，傑森把一張兩萬五千塊美元的支

票放在桌子上，對魯賓遜說：「除了這點錢外，我們還要再給你應該得到的那些股份和長期的利益。」為了解除魯賓遜的煩惱，傑森指著幾位部屬，說：「這些人都歸你管，主要是為了幫你處理辦公室的瑣事，把你從辦公室的繁瑣事務中解脫出來。」

這些條件對於魯賓遜來說，不僅滿足了他重人的需要，即他的出版業有了足夠的資金和擴展業務的財力保證，破產的危機大為減少，同時又滿足了他的根本需要，即可以擺脫繁瑣事務，專心致力於出版業務的發展。於是，魯賓遜同意將他的雜誌轉手給傑森，並投到傑森的旗下，雙方簽訂了五年的合約。

在這個故事中，傑森根據魯賓遜的實際情況，滿足了魯賓遜財務資金的需要、擴展業務的需要、減少破產危險的需要，以及擺脫繁瑣事務專心鑽研業務的需要。傑森只付出了一筆比他預計的價格還低的金額，即獲得一批有價值的資產，網羅到一位有才華的出版家，可見他的方法高超。

(3) 對好利者，設法讓他清晰地看見利益

人人皆好利，以利相誘無疑是特效藥。在現代社會，若求人幫忙能讓對方清楚地看見利益，使說服的過程變成尋求共同利益的過程，對方一定會為你盡力而為。

利益不一定像擺在桌面上的錢，一眼可見。它可能隱於事務內部，讓人看不明、數不清。這時，你就必需指給他看，數給他看。

有一家商場為了顧客方便，想蓋一座停車場，但商場前面沒有空地。不過，在商場左側緊鄰的一家飯店前面倒有一片空地。商場經理跟飯店老闆商量，想租一小塊地，飯店老闆一口回絕，因為他不想為了區區一點租金影響自己的生意。

商場經理並不氣餒，派一位員工去說服。

這位聰明的女員工對飯店老闆說：「您租地給我們，是利大於弊：第一，我們租用的地方很小，不會擋住您的門面；第二，您每天生意最忙的時候，正是我們生意最冷清的時候，不會因為人多擁擠而對您的生意造成影響；第三，停車場蓋好後，來您這裡進餐的客人也可以停放車子，您這不等於是為自己蓋了一座停車場嗎？第四，來停車的顧客可能順便到您這兒吃飯，這不是為您打免費廣告嗎？」

飯店老闆一聽，道理全在，當下同意租地，而且免收租金。

在生活中，將好事當成壞事的情形所見良多，你指出其中之好，別人才會覺得不壞。每個人都是為己的，能滿足他的利益，對方自然樂意幫忙。每個人的需求不同，有的人好利好錢，見錢眼開，對這種人就要以金錢來滿足他；有的人愛慕虛榮，喜歡被奉承，對這種人就要以讚美的方式，從精神上滿足他；有的人有錢有勢，喜歡附庸高雅，錢財根本就打不動他，求這種人辦事，就要摸清他的嗜好，比如他喜歡某某藝術家的畫作，那你就可以設法去滿足他。

總之，求人要找到滿足對方的方法，所求之事就會迎刃而解了。

●對好為人師者要虛心請教

在求學唸書的階段，當你遇到學弟妹們向你請教各種問題，充滿敬仰地要求你談談自己的讀書方法時，無論當時多麼不高興、多麼忙，你都會帶著一絲驕傲解答他們每一個稚嫩的問題，並從他們的目光中得到某種心理滿足。

如果我們能靜下心來仔細分析這樣的經歷，我們會發現，成就感的需求是多麼牢固地根植於我們每個人的心靈深處。別人向我們求教，這就表明自己在某些方面是優越的，這種時候若說我們受到了崇拜，並具備一定的影響力並不過分。在別人請教時，我們心中的愉悅感和自豪感便會油然而生，它不僅主宰著我們的情感，甚至是我們的理智。這種感受，幾乎沒有人不愛。

每一個人都樂於別人向他請教，都具有好為人師的一面，這是人性的特點。要交朋友、求人幫忙，就要充分利用對方好為人師這點。

(1) 適當地在某些方面表現得「差」一些

人各有長短，對方某方面資質再差，也有其他比你強的地方；你自覺資質再高，也有弱的地方。因此不妨適時地在某些方面讓對方表現一下，讓對方也感受一下比別人有能力的滋味。

例如，你的主管在業務上或在寫文章上比不了你，但他的象棋下得好。那麼，你不妨經常在象棋方面向他請教，結果當然是你被殺得落花流水、片甲不留，看著你的狼狽相，就會帶給他成就感。

要求別人幫忙，你不稍微示弱是不行的，你如果表現得比對方或主管還要出色，對方在心理上就會呈現出一種挫折感，這樣一來，該幫的或不該幫你辦的事都辦不成了。要想求主管幫忙、得到好處，就要想法子滿足他的虛榮心，每個人都要懂得這種微妙的心理。

舉例來說：甲、乙兩個人都是某老闆的秘書，才幹不相上下，但是兩個人的做法大不相同。秘書甲很善於領會老闆的意思，交出來的文件往往是一錘定音，老闆也挑不出什麼毛病來。而秘書乙則似乎顯得有些笨拙，每次文件總是處理得有些不盡人意的地方，每次都要請教斧正，而文件一經老闆指點，立刻就能改得漂漂亮亮。

幾年後，人們發現，秘書甲仍在那個秘書的位置，而秘書乙早已另有重用，高升一步了。有人問秘書乙其中的奧秘，早已不再是秘書的他微笑著說：「如果你的資質能與老闆一樣高，甚至比老闆還高明，那要老闆幹什麼？」

秘書乙以請教來突顯老闆的高明，使老闆獲得了某種心理上的滿足，感到秘書乙太能領會自己的意思了，而且似乎只有經過自己的一番指正，秘書乙才能將文件處理妥當。這的確使老闆有一種成功感，而正是這種感覺使秘書乙獲得了自己的成功。

(2) 向別人請教能夠贏得他人的好感

長島有一位汽車商人，利用讚美和請教的技巧，把一輛二手車成功地賣給一位蘇格蘭人。那個蘇格蘭人想買一輛二手車，汽車商人帶著他看過一輛又一輛車子，但他一會兒說這台不適合，一會兒說那台不好看，價格又太高，使這筆生意一直沒有談成。這位汽車商人思索了很長的時間，決定停止向那位蘇格蘭人推銷，而是讓他自動購買。

幾天之後，當有一位顧客希望用自己的舊車換一輛新車時，這位商人突然有了新的解決辦法。他知道這輛舊車對那位蘇格蘭人可能很有吸引力，於是他打電話給蘇格蘭人，請他過來一下，特別幫個忙，提供一點建議。

蘇格蘭人來了之後，汽車商人說：「你是個很精明的買主，你懂得車子的價值。能不能請你看看這部車子，試試它的性能，然後告訴我這輛車子應該出價多少才合理？」

因為那個蘇格蘭人覺得自己的能力受到賞識，臉上泛起一個大笑容。他把車子開出去試了試，然後開回來。「如果你能以三千元買下這部車子，」他建議，「那你就買對了。」

「如果我能以這個價錢把它買下，你是否也願意買它？」這位商人問道。

這三千元，是蘇格蘭人的主意和估價，所以這筆生意立刻成交了。

利用請教，就會達到事半功倍的效果。

(3) 要請教對方的強項

虛心請教好為人師的人，要針對別人的長處，或愛好方面請教，並且要做到不露痕跡。

一般來說，愛什麼就懂什麼，一個人愛好書法，必定有豐富的書法知識，一個人愛好釣魚，釣魚經驗肯定比別人豐富。你沒有必要恭維其愛好如何如何，這樣的話他必然聽得太多，如一陣風吹過，腦中不留半點痕跡。這時，你虛心地向他討教，效果自然要好得多。只要你虛心請教，他肯定會耐心地向你傳授其中的奧妙。被請教的人炫耀技能的心理得到了滿足，就會在不知不覺中被你利用。

一次，一個年輕人到一位擅長書法的上司家求他辦一件事。他們的話題很快就落到書法上，年輕人謙虛地對上司說：「這些年我雖然努力練字，書法功力卻進步很慢，恐怕主要是不得要領，能不能請您稍稍洩露點秘訣？」

上司一聽，便滔滔不絕地講起了他的書法經來，他說：「我最大的體會就是練字『無劍勝有劍』，就跟令狐沖練劍一樣，平時心中多揣磨，多看多記，關鍵在於心得，不一定非整天坐在那裡練字不可……」

年輕人很高興地說：「現在得您『真傳』，以後用心練習，肯定會大有長進。」上司很是高興，臨別時還送了他幾幅字讓這位年輕人臨摹。不用說，該幫的忙也成了小事一樁，一下子就辦妥了。

● 談自身艱苦身世，會引起對方同情

擁有艱苦的身世和經歷較容易使人放下戒心，在求人辦事的過程中，如果能巧妙地利用這點，引起對方的同情心，既能融洽人際關係，又能辦好事情。

日本歌手北島三郎和職業棒球選手江川卓都是日本家喻戶曉的名人，他們幾乎在同時建造了豪華住宅，但奇怪的是，一般人認為北島三郎的住宅修建得「既漂亮又氣派」。相反，對於江川卓的住宅卻說：「建造這麼豪華的住宅，真令人厭惡！」

之所以會產生如此不同的感覺，是因為北島三郎從小流浪，經過千辛萬苦，後來才成為名歌手，這種艱苦的身世，使一般人對他有種親切感，能博得別人的同情。而江川卓則沒有那種博得別人同情的艱苦身世，所以人們都不捧他的場。

在生活中我們常常看到那些已經成名，生活過得富足的歌手，他們常常在舞台上含著熱淚訴說他們過去的艱苦生活，諸如自幼喪父、生活艱苦，或者到處漂泊，還要照顧生病的母親等等不幸經歷。他們的這種經歷往往能博得人們的同情，牢牢地抓住別人的心，讓大家為他的成名在感情上加分。

日本前首相田中角榮之所以得到國民的愛戴，就是因為他來自雪國越後地區，經歷艱苦的歲月，這種人生的經歷得到了國民的同情和支援，後來成為一國的首相。

艱苦的身世和苦難的經歷，會得到別人的支援和同情，能在感情上引起別人的共鳴，有了這一點，求人辦事就順利得多。

(1) 博取同情和憐憫，攻破對方的心理防線

會交友辦事的人，善於贏得對方的同情和憐憫，以達到自己求人辦事的目的。

大家都知道「臥薪嚐膽」的故事。越國國君勾踐被吳國的夫差打敗以後，勾踐作為敗亡之君，不得不尊從吳王夫差的條件，懷著滿腔的羞愧，帶著送給吳王的宮廷美女及金銀財寶，帶著自己的王妃虞妲，去吳國做囚徒。

勾踐深知要復國報仇，除了忍之外，還要以卑微的姿態博取夫差的同情和憐憫。勾踐養馬放牧，除糞灑掃，辛勤勞作，沒有一絲怨恨之色。

一日，吳王夫差登上姑蘇台，遠遠望見勾踐和夫人端坐在馬糞堆旁，心裡就有了同情和憐憫之心。他對太宰伯喜說：「在這種窮厄的境地還能堅持，真不容易，我很敬佩他們。」

伯喜說：「不但可敬，更是可憐啊！」

夫差說：「太宰所言極是，我有些不忍心看了，倘使他們能改過自新，就赦免他們，讓他們回國吧！」

一日，勾踐聽說吳王夫差生病，請求探視，此時恰逢吳王要上廁所，勾踐便說：「臣在東海曾跟大夫學習過觀察人的糞便，就能知道人的病情。」

一會兒，吳王上完廁所，將桶子拿到門外，勾踐揭開桶蓋，手取其糞，跪在地上嚐了嚐。左右都掩著鼻子。勾踐又走到室內，跪下叩頭說：「囚臣敬賀大王，大王的病一至三日就可以痊癒了。」

吳王夫差問：「你怎麼知道的？」

勾踐說：「臣聽大夫說，夫糞者，穀味也，順時氣則生，逆時氣則死。今囚臣嘗大王之糞，味苦且酸，正應春夏發生之氣，所以知之。」

夫差大受感動，說：「你真仁義啊！比我兒子侍候得還好。」

不久，夫差就送勾踐回國了，這就有了後來的滅吳之舉。

求人辦事，忍耐只是它的「形」，透過忍耐以獲取所求之人的同情和憐憫才是其「神」。因為只有這樣，才能攻破對方的心理防線，對方才可能考慮你的要求。

要想得到別人的幫助，對自己孜孜以求的人保持耐心，使對方對你的行為和經歷表示同情和憐憫，並由此生出好感，這樣總有一天能攻克對方心中的堅實堡壘。

(2) 讓對方以拯救苦難的姿態伸出手來幫你

人非草木，孰能無情？仁慈心、同情心是人類情感世界中最基本的組成部分。世界上每個人幾乎都具有同情弱小和憐憫受難者的仁慈感情，善用這種人性中善良的光輝可以照亮自己的世界。用自己坎坷遭遇的愁容和淒涼悲愴的眼淚，可以使對方的感情之水為之蕩漾，即便鐵石心腸，也會網開一面，伸出熱情之手，答應並幫助你把事情辦成。

求人幫忙，若是能打動對方的惻隱和同情之心，你所求的目的就可以達到。而眼淚則是這種打動他人惻隱之心的最好武器。

宋朝太宗年間，曹翰因罪被罰到汝州，他苦思返京之策。一天，宮裡派了位使者到汝州辦事，曹翰哪裡肯放過這個機會，他想辦法見到了使者，流著淚對他說：「我的罪惡深重，就是死也贖不清，真不知怎樣才能報答皇上的不殺之恩，現在只想在這裡認真悔過，來日有機會一定誓死報效朝廷。只是我在這裡伏罪，家裡人口太多，缺少食物快活不下去了，我這裡有幾件衣服，請您幫我抵押一萬文錢，交給我家裡換點糧食，好使家裡大小暫且糊口。」說到傷心之處越發淚流不止。

使者回宮如實向宋太宗做了彙報。太宗拿過包袱打開一看，裡面原來是一幅畫，畫題為《下江南圖》，畫的是當年曹翰奉宋太祖旨意，任先鋒攻南唐的情景。

太宗看到此圖想起曹翰當年的功勳，心裡很難過，憐憫之情油然而生，決定把曹翰召回京城。曹翰打動人心的戰法奏效了。

大部分人都是感情型動物，只要你能贏得對方同情心，你所求的目的就能達到。

在日本的一次國會議員選舉中，有一位田中派的候選人，由於田中形象的陰影使他處於不利的形勢。但最後仍當選了，而他就是採取「我被沉重的田中事件的十字架壓得透不過氣來」等等低姿態戰術，以流淚的神情來爭取民眾的同情，而他的夫人也站在街頭向來往的行人哭訴，並獲得了多數民眾的同情票。

找人幫忙，要想把事情辦成，必須在人之常情上下功夫，必須把自己所面臨的困難說得在情在理，令人痛惜惋惜和可悲可惜。特別強調自己深感遺憾和痛苦的事，這樣你所求之人才願意以拯救苦難的姿態伸出手來幫助你辦事，讓你終生對他充滿感激之情。能激發人的慈悲之心和仁愛之心的事情，都能引起人們的同情和幫助，還能使人在幫助之後產生一種偉大的濟世之感。

● 公眾場合，不提私事

在公眾場合最好不要提私事，不管是說話或是請客，都應根據不同的場合，「因地制宜」地進行，千萬不能無視大眾場合的各種因素，只管自己高興和辦事的需要，這樣會把事情做得很糟，導致求人辦事失敗。

有一個人去找一位做老闆的朋友辦點私事，正巧那位老闆朋友與幾個客戶在談生意，他請老闆的秘書通報一聲。

秘書走進來跟老闆說：「您的朋友在門外等候，我說您現在正忙，但他堅持要見你。」

於是老闆跟秘書說：「那就先讓他進來吧。」

沒想到這位朋友一進門便滔滔不絕地把自己的事跟老闆說了。老闆多次示意他先停下來，等自己同客戶談完了再說，可是這個人憑著自己與老闆的多年交情，根本就沒當一回事。客戶眼看實在無法與老闆談了，就說：「你先跟你的朋友談吧，我們改天再來。」一客戶說完就離開了老闆的辦公室。

就這樣，一樁很賺錢的買賣被朋友的一件私事給攪渾了。當時老闆真想大罵朋友一場，可是老闆心想：「算了吧，畢竟是多年的朋友，以後不跟他來往就是了。」從此，老闆再也不與這位朋友聯絡了。

古人說：「買貨看顏色，說話分場合。」說的就是不要在公眾場合提私事的道理。不管對方是你的新朋友還是老朋友，都不要在公眾場合提私事，因為人多嘴雜，你提的私事可能不便，也可能不合時宜，或者是上不了臺面，只有在私下說才合適。要知道，你在公眾場合所提的私事，別人不方便直接答覆你，也容易在事後忘卻你提的事。

有些人在公眾場合，不理解別人所處的立場，只顧提自己的私事，一時不慎還會說出不應該說的話。這不僅不利於交友辦事，還有可能產生不利的影響，甚至丟掉性命！就像下面這則故事。

明太祖朱元璋出身寒微，當了皇帝以後自然會有昔日的窮哥兒們到京城找他，這些人認為朱元璋會念在老朋友的情分上，給他們封個一官半職。

有位朱元璋兒時的好友，千里迢迢從老家鳳陽趕到南京，幾經波折終於進了皇宮。一見面，這位窮哥兒們便當著文武百官的面大聲嚷嚷起來：「朱老四，你當了皇帝可真威風啊！還認得我嗎？當年我們一塊兒光著屁股玩耍，你幹了壞事總是讓我替你挨打。」

他繼續說著：「有一天我們在蘆花蕩裡，把偷來的豆子放在瓦罐裡煮，還沒等煮熟，大家就搶著吃，把罐子打破了，撒了一地的豆子，湯都潑在泥地裡。你只顧從地下滿把地抓豆子吃，卻不小心連紅草葉子也送進嘴裡。還是我出的主意叫你拿青菜葉放在手上一併吞下去，才把紅草葉子帶下肚子裡去……」他還在喋喋不休嘮叨個沒完，但朱元璋再也坐不住了，下令將他殺了。

求人幫忙也要看時間和場合。同樣的話、同樣的事在不同的時間和場合對同一個人說，產生的效果是不一樣的。

另一個人同樣和朱元璋在小時候一起玩、一起偷豆子煮來吃，不過這個人不是在公眾場合，而是私下拜見朱元璋，見面的時候，他說：「萬歲，當年微臣隨駕為蕩蘆州府，打破罐州城，湯元帥在逃，拿住豆將軍，紅孩兒當關，多虧菜將軍。」

朱元璋聽他說得好聽，心裡很高興。隱約想起他的話裡包含從前的事情，所以就封了個御林軍總管給他。這位會分場合辦事，嘴乖心巧的朋友變從此就做起大官來了。

上述的兩個人所說的內容完全相同，結果卻完全不一樣，因為他們一個會看場合，一個不看場合；一個會說話，一個不會說話。

在眾目睽睽之下是不便提私事的，特別是跟朋友攀附關係時。因為絕大多數的人是不願公開自己的身世和社會關係的。一提私事，就可能提及兩人從前的交情，特別是已經發達的朋友或上司，你所說的話可能會傷害到他，讓他為難或沒面子。

所以，找朋友辦私事，特別是找主管辦事時，一定要考慮場合和環境，有的事約到朋友的辦公室裡談，有的事則要到朋友的家裡私下談。

想找主管辦私事，最好的時間點是與主管聊瑣事、閒話家常的時候，或者在酒桌上小酌、茶餘飯後的時候。或者，在主管情緒好而且有心情處理私事的時候，類似這樣的時間和場合與主管套關係，最容易切中主管的心意，對方容易買帳，也容易辦成事。

●不願當面說的話，背後也別說

有句俗話說：「寧在人前罵人，不在背後說人。」意思就是說，別人有缺點、有不足之處，你可以當面指出，勸他改正。但是千萬別當面不說，背後亂說，這樣的人不僅使被說者討厭，同樣也會使聽者討厭。特別是在人際關係複雜的公司裡，當面不說拿到背後去說，更會製造許多誤解和麻煩。

例如，某公司企劃部的一位員工李全被升為辦公室主任。同一間辦公室坐了幾年的同事忽然升遷了高位，對每個人來說都是不小的刺激與震撼。平日不分高下，暗中競爭的同事成了自己的上司，總讓人有那麼一點酸酸的感覺。

於是李全的幾個同事開始在背後嘀嘀咕咕了，「哼！他有什麼本事，憑什麼升官？」一百個不服氣與嫉妒便脫口而出了，於是你一句我一句，把李全數落得一無是處。

王新則是剛分配到企劃部不久的大學生，見大家說得激動不已，也毫不顧忌地說了些缺點，如辦事拖拉、疑心病太重等。他說的都是事實，不巧的是，有一位總愛陰奉陽違的同事張昇，背後罵得比誰都厲害，當面又比誰都會趨炎附勢（這種人既表現出自身缺乏涵養，又會破壞人際關係）。

第二天，張昇把同事之間的批評轉達給李全，李全心想：「別人在背後說我，我倒是可以理解，但那個乳臭未乾的王新有什麼資格說我？」

從此，李全對王新極為冷淡，王新的滿腔熱血不僅得不到重用，還經常受到李全的指責和刁難，成了背後說人壞話的犧牲品。

一個正直的人有話在當面說，不在背後亂說別人。如果你經常在背後說別人的壞話，一旦被對方知道了，免不了要對你抱怨一番，甚至雙方發生爭吵。要是你們過去交情很好，或者是好朋友，你在背後說他壞話，也會影響你們之間的交情，即便是以前對你印象很好的人，也會在他心中出現陰影，以前的好感瞬間消失。因此，我們要時常提醒自己，莫讓嘴巴破壞了自己的好名聲，破壞了朋友之間的關係。

(1) 背後說別人，損害的是自己的形象

「誰人背後無人說，誰人背後不說人。」這話雖然說得有些絕對，卻也說明了一個道理，那就是——每個人多多少少都曾在背後說過別人，只是所說的是好話還是壞話無從考證罷了。

不過有一點可以確定，那些經常在背後說別人壞話的人，絕對不會是受歡迎的人。因為他人自然而然地會這麼想：「這次你在我面前說別人的壞話，下次你就有可能在別人面前說我的壞話。」這樣一來，別人對你的印象不可能好到哪裡去。

有一天，方同和朋友去動物園。當他們走到猴子展示區時，他指著其中一隻說：「你看這猴子，牠的長相、舉止很像我的一位同事。」

方同的朋友聽了，心裡很不是滋味。表面上附合說：「是嗎？」內心裡卻這麼想：「這人真是不可信任，這樣說別人，不知道他在別人面前是怎麼說我的。」後來，這位朋友與方同漸漸疏遠了，方同卻一直不明白是自己背後說別人而引起的。

再舉一個例子，老衛和老吳是一對在同一部門配合了數年的老搭擋，平日關係極好，兩人無論誰受了同事的欺侮與誤解，另一方都會挺身而出，「仗義直言」，為老友尋個公道，真可謂榮辱與共。

可是他們最近竟然因一點小事鬧得有點不快。同一辦公室的老丁看到這種情況，想出面當和事佬，想化干戈為玉帛，讓他們和好，今後求他們辦事也方便。於是，老丁先跑到老衛家，說大家為了點小事把關係搞僵不值得，並輕易地指出老吳的不是之處，希望他們諒解、和好。緊接著，老丁又跑到老吳哪裡，用同樣的方法說了一遍。

老丁滿意地回到家裡，暗想此事處理得實在漂亮，那兩位肯定和好如初，對自己感激不盡。不料等了數天，老衛和老吳不僅沒有絲毫謝意，反而對其冷淡之至。

為什麼會這樣呢？因為老衛和老吳畢竟交情深厚，為一點小事鬧鬧脾氣就過去了，而老丁到老衛那兒說老吳的不是，又到老吳那邊說老衛的不是。雖然是好心好意想幫他們化解矛盾，但讓人覺得在背後說人，不是正直的人所為。若當初老丁是當著老衛、老吳的面，勸說他們不要為小事而起衝突，應該以和為貴，那結局自然就不同了。

某人到一家公司上班後，除了工作外，他每天要到上司那裡說同事的壞話，踩著別人的肩膀往上爬，最後終於爬到了一個比較理想的位置。可是有一天上司對他說：「你被解雇了，請你離開這裡吧！」他很納悶，問：「我不是做得好好的嗎？怎麼這樣呢？」上司說：「你來公司工作的這段時間，我都沒聽你說過別人的一句好話，總不會是每一個人都不如你吧？」這個人只好捲舖蓋走人了。

每個人心中都有一把尺，再怎麼瞞天過海也會有水落石出的時候，更不要說在背後說別人了。

日常生活中，如果我們遇到別人在你面前說另一個人的壞話時，你千萬要端正自己的態度，不要被他的話語左右你的思想，更不能學習他的做法，應用理性的思維去考慮情況，把握好應對的分寸。更重要的是自己不要背後說人，這樣才能做一個受人歡迎、受人尊敬的人。

(2) 不議是非，更不要散播「耳語」

古人有「閒聊莫論人非」的警語，我們在與別人閒聊的時候，最好不要談論別人的是非。在公司裡，即使你的老闆或同事有什麼公開的秘密，你也別去議論，別人愛怎麼說就怎麼說，你能不聽就不聽，能避就避。同樣地，一些類似「公司福利不好」、「公司老是加班，卻不給加班費」的話，在同事之間說也是白說。如果傳來傳去被人添油加醋地傳到老闆耳朵裡，你連解釋的機會都沒有。

天下沒有不透風的牆，今天你和同事議論「誰沒有能力，處理不了事情」，過幾天就可能被那人知道了，你還不知怎麼回事就可能先把人給得罪了。

如果你跟同事議論如何整老闆，如何工作偷懶的「技巧」，那你就要更加小心了，有這樣毫無禁忌的行為，說不定下一個被裁員的就是你了。

耳語，就是在別人背後說的話。有時，你可能不小心成為「放話」的人；有時，你也可能是別人「攻擊」的對象。這些「耳語」，比如老闆喜歡誰？誰吃得開？誰有緋聞等等，就像噪音一樣，影響一個人的心情。

生活中總有一些人，只要有空就閒不住，到處打聽小道消息，然後四處散佈。他們不管這些消息真實與否，只喜歡耳語能引起的騷動，儘管它們可能傷害別人，他們也樂此不疲。

要避免做這種人。你要知道，這種人會毀壞自己的榮譽，失去良好的人際關係。傳播耳語只會帶給別人痛苦，帶給自己的則是無盡的煩惱，所以要想在社會上吃得開，就要懂得該說的就勇敢地說，不該說的絕對不要亂說。

●讚美別人，別人就會讚美你

一提起恭維和讚美，可能有人馬上就會把它與巴結討好、阿諛奉承聯繫起來。其實這完全是兩回事，恭維和捧人是為了協調人際關係，以表達自己對別人的尊重，增進瞭解和友誼，更重要的是，能成為朋友也好辦事。

人的天性總是喜歡得到別人的讚美，每個人對他人都有一種期待心理，希望得到尊重，希望自己應有的地位和榮譽得到肯定和鞏固，需要獲得別人恰如其分的恭維和讚美。

讚美是一種成人成己的手段。有句老話說：「不要長他人志氣，滅自己的威風。」讚美別人，的確在長他人志氣，但絕不是滅自己的威風。讚美是朋友間互相長志氣，這有什麼不好呢？

讚美，也叫作互相標榜，自古有之，但不是吹噓。吹噓的東西往往不切實際、刻意誇大，而捧則是有根有據，只要你能用「金無足赤，人無完人」的眼光，多看朋友的長處，少找缺點，則捧的素材就會非常多。

有幾個朋友聚在一起，酒席上觥籌交錯。一人扯起話題：「張兄，近來可有新作？」不待姓張的回答，另一位說：「李兄，這還要問嗎？張兄才思敏捷、文采過人，又勤於詩書，怎會無大作出來。」張兄聽了，口上雖說：「孫兄言重了，幾篇文章算什麼，百行孝為先，孫兄的美名，已遠播百里……」心裡卻十分高興。

讚美就是這樣，你讚美別人，別人也讚美你。讚美的話從別人嘴裡聽來，不僅自己心中舒服，而且還會帶給其他聽眾好感，讓大家對你另眼相看，這種成人成己的事，何樂而不為？

(1) 讚美講究方法

讚美別人，自己才會得到好處，但讚美也要講究方法，如果方法不得當，就難以達到目的。

- **讚美的話要坦誠得體，必須說中對方的長處**

讚美的首要條件，要有一份誠摯的心意及認真的態度。言詞會反應一個人的心理，輕率的說話態度，會讓對方產生不快的感覺。讚美也不要說得太離譜，這樣別人會覺得你太虛偽。

初次見面，適當地恭維人家是有禮貌、有教養的表現，不僅可以獲人好感，還可以使對方在心理上和情感上與你靠攏，縮短彼此之間的距離。

- **背後讚美的效果更好**

讚美人最要不得的一種，是只當著甲的面來讚美甲。假如你當著大家的面來讚美他，為他作一次義務宣傳，他一定很高興，只要你說得不過火，大家也不會覺得你是有意吹噓的。

不過，更好的讚美方式是在背後讚美他人。一傳十，十傳百，總有一天會傳到他耳朵裡，等時機一到，他也會讚美你一番，不會忘記你使他美名遠播。

美國羅斯福總統有一個副官，名叫布德，他對讚美有一套見解：背後讚美，比當面讚美更有效。這是一種至高的技巧，在人背後稱揚人，在各種恭維的方法中，要算是最使人高興的，也是最有效果的了。

如果有人告訴我們：某某人在我們背後說了許多關於我們的好話，我們聽了會不高興嗎？這種讚美，如果當著我們的面說給我們聽，或許會使我們感到虛假，或者疑心他不是誠心的，那為什麼間接聽來的便覺得悅耳呢？

德國的鐵血宰相俾斯麥，為了拉攏一個敵視他的屬下，便有計劃地在別人面前讚揚和吹捧這個屬下。他所說的話最後傳到那個敵視他的屬下的耳朵裡，後來兩人成為無話不談的政治盟友。

這是一種極為巧妙的馭人術。在背後讚美人，會使人感到更真實，如果傳話的人再誇張點，那就更悅人、更能產生奇效。

現在的年輕人不是很喜歡讚美別人，不外乎以下這幾種原因：一是不屑，認為讚美是趨炎附勢，有損人格；二是眼光太高，看不起別人，自認沒人值得讚美；三是以為讚美別人，自己的地位會下降，相形見絀；四是不好意思，怕被別人取笑。

其實，讚美不是吹噓，要有根據，而非捕風捉影。更關鍵的是，適當的讚美對處理朋友之間的關係有很大的幫助，當然對辦事也有實實在在的好處。

(2) 把對方讚美上天，不幫你將有損他的自尊心

在現代社會活動中，每個人都會不同程度地必須「有求於人」。

怎樣才能求得對方替你辦事，而不至於被對方拒絕呢？這時就需要你巧妙地讚美他，將對方引入你設定的情景，然後提出你的要求，這樣會使你的要求成功地得到滿足。

這種讚美、恭維對方的方式，是一種高妙的「綿裡藏針」，能大大地滿足對方的虛榮心，當對方正飄飄然時，突然提出自己的要求，並在話裡話外，使對方隱約感到你在懷疑他的能力和權威。一旦感到權威受到了挑戰，他就必須盡全力證明給你看，如果辦不到你所求的事，就會有損自己的自尊心，這時他只有設法硬著頭皮為你辦事了。

・把對方美化成道德上的「完人」

把對方美化成道德上的「完人」，那麼道義上的事對方必然當仁不讓。

例如，一位母親在和別人聊天的時候，正好談到自己的兒子。這個兒子有一個簡單到不能再簡單的要求，想求母親為他買一件牛仔褲，但兒子怕遭到母親的拒絕，因為他已經有一件牛仔褲了。在這種情況下，母親是不可能滿足他所有的要求的。於是兒子採用了一種獨特的方式，他沒有像其他孩子那樣苦苦哀求或耍賴，而是一本正經地對母親說：「媽媽，妳是世界上最好、最漂亮的媽媽，妳有沒有見過 個孩子，他只有一條牛仔褲？」

這頗為天真而略帶計謀的問話，一下了打動了母親。事後，這位母親談起這事，說到了自己當時的感受：「兒子的話讓我覺得若不答應他的要求，簡直有點對不起他，哪怕在自己身上少花點，也不能太委屈孩子。」

孩子用一句話就說服了母親，滿足了自己的需要，他從母子道義上刺激母親，讓母親覺得兒子的要求是合情合理，而不是過分的事。

這種事例在日常生活中還有很多，也許當事人自己都沒有感覺到什麼特殊之處，但又確實是憑著道義上達到了辦事的目的。這時，人的自尊、名聲、道義、榮譽、能力……都可以成為你求人辦事的武器。

‧把對方標榜為能力上的「超人」

把對方標榜為能力上的「超人」，那麼分內的小事自然不在話下。

美國黑人富豪詹森修建了一座辦公大樓，但在資金上還有三百萬美元的空缺，他出入多家銀行都沒有貸到這筆款項。

工程仍在持續進行，等到所剩的錢僅夠再花一個星期的時候，詹森約了一家銀行的主管一起吃飯，席間，銀行主管對詹森說：「這兒我們不便談，明天到我的辦公室來談吧。」

第二天，當詹森斷定該銀行很有希望給他抵押借款時，他說：「好極了，唯一的問題是，今天我就要拿到貸款。」

「你一定在開玩笑，我們從來沒有一天之內就能辦妥這種事的。」銀行主管說。

詹森把椅子拉近，道：「你是這個部門的主管，也許你應該試試看你有無足夠的權力把這件事在一天之內辦好？」

銀行主管微微一笑：「你真是會逼人，不過，還是讓我試一試。」

這個銀行主管試過以後，本來以為辦不到的事竟然辦到了，詹森也在錢花光之前拿到了這筆貸款。

關鍵就是找到並擊中對方的要害，迫使他就範。就這件事來說，關鍵要害就是那位主管對自身權力的尊嚴感。

・讚美對方的能力或成績

當一個人興致勃勃地談到他的專長、所取得的成績，或業務成果時，你適時地提出與之相關的要求，在這樣的時刻，他拒絕你的可能性很低，你的要求得到滿足的成功率很大。這是經過心理學家及社會學家的實驗證明的，當你有求於人時就去讚美對方，營造一個合適的氛圍，便能使你的需求最大可能、最大程度的得到滿足。

宋逸是研究院的一位高級工程師，人在台北工作，但妻子和小孩都和父母一起在台南的老家居住，所以他和家人兩地分居十多年了，這期間他錢花了很多，各種方法都試過了，但就是沒辦法調去台南的分院工作。

這事搞得宋逸精疲力盡又無可奈何，此時，在職位調動過程中有著關鍵作用的所長換人當了。宋逸聽說這位朱所長能急人之急，為人家辦事，他先去瞭解幾個受朱所長幫助的案例，然後便登門拜訪。

他一開始沒談自己此行的目的，而是先讚美朱所長，談起他較為突出的成績和樂於助人的事蹟。朱所長也很謙虛，直說：「哪裡、哪裡，有的職員因為工作的關係和家人分居好幾年，我只是幫了一下忙，做我應該做的事。」

到了這個關口，宋逸就提出了自己的問題：「朱所長，我也有點小事需要麻煩您，我也和家人兩地分居十多年了，一直沒有辦法解決，本來已經放棄了，剛好聽到大家都在稱讚您，心中仰慕，便來請您幫幫忙。」接著宋逸講述了一下自己的情況，朱所長讓他回去靜候佳音。果然，一只人事令到手，宋逸全家團聚。

在這個事例中，宋逸是有求於人的，他所求的正是這位所長的分內之事，並且這位所長也因之名聲遠播。宋義首先吹捧所長，使所長在興頭上輕鬆地解決了自己長期懸而未決的問題。

求人辦事，先讚美對方的能力和權威，如果他幫不了你，自尊心便會受到威脅，臉上無光，這時只要你讚美得當，抓住對方的弱點，那就沒有辦不成的事。

● 送禮在平時，並會挑時間

東方人講關係、套交情，都離不開「禮」字，「禮」成了處理好關係的最佳途徑。送禮給朋友，不外乎想搞好關係，而搞好關係，不外乎是為了自己生活在這個社會上的「便」與「達」，也是生存在這個社會上求人辦事所必須的。

• 送禮大有學問，關鍵是要會送。

陳先生有一次開車去看朋友，心想離開朋友家的時候才把禮物從車上拿下來。於是，他空著兩手就進了朋友家，大家寒暄一番，時近中午，朋友沒有留他的意思。陳先生起身告辭，說：「我買了一些東西放在車上，我去拿下來。」朋友一聽，馬上說：「今天中午怎麼能走呢？就在我這裡吃個飯吧。」朋友的妻子也立刻轉身去了廚房。

那次以後，陳先生算明白了一個道理，拜訪朋友，採用「兵馬未到，糧草先行」的策略，先把禮物一放，不管是大是小，是多是少，只要有禮在，包准做事一路通。

(1) 送禮是辦事的交際藝術

「禮」在社會生活和人際交往中發揮著良好的潤滑作用。

日本產品之所以能夠成功打入美國市場，其中最重要的秘密武器之一，就是日本人的小禮物。日本人做生意想得很周到，特別是在商務交際中，小禮品是必備的，而且根據不同人的喜好，設計得非常精巧，人見人愛，很容易讓人「愛禮及人」。

小禮物發揮著非同小可的作用，在如今的商業社會，往往是「利」、「禮」相關，先「禮」後「利」，有禮才有利。同樣的道理，你在送禮求人辦事時，送禮的功夫如果能像日本人一樣到位，不顯山露水卻能打動人心，就能輕鬆地辦好事。

送禮是一種藝術和技巧，從時間、地點一直到選擇禮品，都是一件很費人心思的事情。

例如，一些公司在會有專門的紀錄，將一些主要公司、主要關係人物的身分、地位以及愛好、生日日期等建檔，逢年過節或者其他什麼合適的日子，總有例行或專門的送禮，來鞏固和發展自己的關係網，確立和提高自己的商業地位。

禮尚往來，人之常情，在求人辦事時更要講究送禮。送禮是表現心意的一種形式，是一種友情的表示。

(2) 禮，要送在平時

關係，需要經常維護，朋友之間也要常走動，關係才不會斷。

帶份禮是再好不過的方式了，朋友會說你太客氣，說你不當我是朋友，告訴你下回千萬別帶東西。雖然口中這麼說，其實朋友心裡很高興，證明他在你心中很重要，你常想著他。理由很簡單，你重視他、夠朋友，表現在禮上，看得見、摸得著。所以他一定會高興，並且在適當時候給你回報。

禮，要送在平時，可謂「晴天留人情，雨天好借傘」。有些人覺得求人辦事是一種短、平、快的交易，何必花那麼多的冤枉心思去搞馬拉松式的感情投資？其實，運用「送」的方法求人，切不可爭急近利，完全可以把「送」作為求人辦事的人情鋪墊。

送禮給那些對你來說有直接利害關係的人，怎麼送，或什麼時候送去，裡頭大有學問。

別人幫你的忙後，再將禮物送去，對方一定會認為你這樣做是理所當然的。如果你從未拜託人家幫忙，並將禮物煞有其事地送去，受禮者的想法就會大不一樣。他肯定會記著你，一旦有事相求就會竭盡全力幫你。

「無事不登三寶殿」，當你有事的時候，才想起某某朋友可以幫上忙，往往會犯大禮不解近憂的錯誤。即使你想提上大包小包的東西，人家也未必會給你這個方便。朋友維繫關係，功在平時，這樣朋友之間才可能有求必應。常聽見這樣的說法：「你瞧這人，用得著的時候才想起我。」這說的就是平時不送禮，有事求人了才在送禮。

禮要用在用不著朋友的時候，才能盡顯威力。送禮要送在平時，要知道，好的人際關係才是求人成功的基礎，但好關係的建立不是一朝一夕就能做到的，必須由一點一滴入手，靠平日的積累。有了「鐵」關係墊底，何愁求助無門？

(3) 送禮要會挑時間

送禮要會挑時間。所謂挑時間，就是要把握好送禮的時機。

生活中常發生這樣的事：你帶了份禮物去請朋友幫忙，他答應了，但隔幾天，你問他時，他說：「什麼事？我忘了，那天去的人太多了。」你這才想起，你上次去的時候恰逢過節。

・雪中送炭

「情願雪中送炭，不要錦上添花」，意思是說當別人處於困境當中，你伸出援助之手，不啻於冰雪天給飢寒交迫的人送去一簍炭，即時而又必須，會使受禮人終生難忘。若別人什麼都不缺，禮物的價值就要大打折扣了。

比如，朋友家碰上意外之災，受到重大的經濟打擊，你即時去看望他們，順便帶點錢或購買些日常必需品，禮雖輕，但情義重，它會使你和朋友之間的感情更加深厚。

有一位經理在退休前，每天年底，禮物、賀卡就像雪片般飛來。可退休以後，往年訪客不斷，這時卻寥寥無幾了，更沒有人給他送禮了。正在他心情寂寞的時候，以前的一位下屬帶著禮物來看他，在他任職期間，並不很重視這位職員，可是來拜訪的竟是這個人，不禁使他感動得熱淚盈眶。

過了兩三年，這位經理被原來的公司聘為顧問，自然會重用、提拔這個職員，因為他在經理失勢的狀態下登門拜訪，送上了自己的禮物和心意。不僅在經理心中留下了很深刻的印象，同時，讓他產生了「有朝一日，一旦有機會，我一定得好好回報他」的想法。

・不要給人遲到的祝福

親朋好友遇有佳節喜慶，酬以薄禮以示祝賀，這對密切友誼是非常有益的。但送禮要趕在前頭，否則不如不送，因為親朋好友之間，人情會有很多次，如果事後去送禮，會搞得雙方都很尷尬，對方收了，佳期已過，不收，又怕壞了你的面子。不送不過是疏忽而已，事後送去，反而加深了你忘記對方好日子的壞印象。

要避免這種現象的發生，平時可以把應酬饋贈之事記在手機裡，有事即時辦，可免去你不少煩惱。

・趁對方在家時送禮

送禮時最好選擇對方在家的時候。送禮總是為了達到一定的目的，或者是為了增進友誼，重點在於雙方面對面地交談才能更加深感情，而禮物只是輔助品而已。尤其是求人辦事，更需要主人在家時向對方表達你的意圖。

如果你是透過他的家人向他轉達你的意思，就會不如當面陳述給人印象深刻。因此，不要託付旁人轉送禮物，因為這樣不禮貌，此外，有些受禮人不希望別人知道自己接收禮物。

・忌在公開場合送禮

送禮這種事在公開場合進行總是不妥的。送給主管，他會擔心有受賄之嫌，你會被人譏為馬屁精，因此千萬要避嫌，因為人言可畏，有時候不僅辦不了事，還會給自己帶來不必要的麻煩。

一般朋友也是如此，公開場合會讓他陷入一種收也不是，不收也不是的尷尬。送一份禮，卻給人家出了一個難題，真是得不償失。

(4) 送禮總得有個理由才好送

送禮總得有個理由才好送。對方不舒服、生日或逢年過節等特別時日，就是送禮的最好時機，因這時「師出有名」，名正言順，不用另外尋找藉口。接禮的人除了感謝之外，也不會有太大的顧忌。

但有時候，人們送禮純粹為了辦事，這種時候送禮怎麼說才好呢？總不能結結巴巴地說：「今天想求你幫忙，所以才給你送些禮物。」這樣一來，對方自然不會接受你的禮物，更不會替你辦事了。

要送禮求人幫忙，需要找一種讓對方心安理得接受禮物的說法。

一般而言，為了請人幫忙而送禮，對方總會推辭一下或拒絕一下，把對方拒絕接納的話禮貌地擋回去，是讓受禮者心裡舒坦自然的主要手段。那麼應該如何去說，才能達到目的的呢？

說法一：把送禮的話推到不在身邊的另一半身上。

例如：「是啊，我也認為找您幫忙用不著拿東西，我老婆卻硬說要，非讓我拿著不可。既然拿來了，就先收下吧，要不然我老婆包准抱怨我不會辦事，回到家也交不了差。」

說法二：把送禮的話推到對方的孩子身上。

例如：「東西是給孩子買的，和你沒關係，別說是我來找你幫忙，隨便來串門子還不一樣應該給孩子買點東西嗎？」

說法三：把送禮的話推到對方老人家身上。

例如：「你不用客氣，這些東西是買給伯父的。伯父身體最近還好嗎……你方便時把東西交給伯父，我就不再過去專門看他了。」

說法四：把送禮的話推到託你幫忙的朋友身上。

例如：「這東西是我朋友給你買的，我也沒花錢，我們把事給辦了，也不用跟他太客氣。」說法五：把送禮的話推到對方可能存在的「失」處。

例如：「您要幫忙就夠意思了，難道還能讓您花錢破費？這您先拿著，必要時可用上，不夠用時再說。」

說法六：把送給對方的東西，說成是暫存放在對方手裡。

例如：「我知道，我們之間互相幫忙用不著禮，這先放你這兒，用不用不是一樣？」

以上這六種說法都頗有人情味，對方聽了覺得「有道理」把禮物收下，而沒有明顯拒絕的理由。只要對方收了你的禮物，自然就會把你所求的事辦了。

●人情要做足，才有「殺傷力」

人情是維繫群體的最佳手段和人際交往的主要工具。

朋友之間沒有人情往來，友誼就會淡漠，甚至消失。因此，如何交友就是一個如何做人情的問題。朋友之間人情要做，但事前要權衡利弊，有害自己的盡可能不要做，有弊的少做，剔除這幾點，朋友的人情不但要做，而且一定要做足。

做足，包含兩個含義：一是人情要做完；二是人情要做得充分。

如果朋友求你幫什麼忙，你滿口答應說：「沒問題。」但隔了幾天，你給他一個摸不著頭緒的結果，對方雖然口頭上沒說什麼，但心裡肯定會覺得：「這哥兒們真不夠意思，要做就做完，做一半還不如不做，幫倒忙。」

做人情只做一半，只會越幫越忙，非但如此，還會影響信任度，說話不算數的朋友誰都不願意接觸。

人情做一半，吃力又不討好。人情做充分，不僅要做完，還要做得好、做得漂亮。如果你答應幫朋友忙，就要盡心去做，不能做得勉勉強強。如果做得太勉強，即使事情成了，你的態度也會讓他在感情上受到傷害。

比方說，你買了一本好書，朋友來借，你先說：「我剛買的，還沒看完呢。你想看就先拿去吧。」

前面的廢話又何必說呢？最後的結果若是要借給人家，你不說也是借，說了還是借，與其說些廢話還不如痛痛快快借給他，書總是你的嘛！還回來你可以盡情地看一輩子，何必把人情做得這麼不圓滿呢！

人情要做足才有「殺傷力」。人情做足了自然會贏得朋友的萬分感動，讓對方記掛你一輩子。

東漢時，有一個叫荀巨伯的人，一日他收到一緊急消息，得知一位朋友得了重病，朋友遠在千里之外，他趕了幾天的路程，到了朋友所住的城，發現那裡已被胡人包圍。他潛入城內，見到朋友，朋友讓他離開，他不答應，堅持一定要留在那兒陪他。後來，胡人攻了進來，挨家挨戶地查，見到荀巨伯和他重病的友人。想不到，當胡人得知原委後竟覺得羞愧，認為自己不懂道義，侵犯一個崇尚道義的國家，就這麼退走了。

荀巨伯對他的朋友可謂情深義重，這樣的人情會讓對方記掛一輩子。

唐朝皇帝李隆基親自為他手下的一個將領煎藥，在吹炭生火時，燒著了鬍鬚，當侍從們趕來時，他莞爾一笑，說：「但願他喝了這藥病就好了，鬍鬚有什麼可惜呢？」

一個皇帝為他的手下親自煎藥，這真是天大的人情，把人情做得如此之足，怎不教屬下以死相報呢？人情的殺傷力可謂大矣！

把人情做足，好人做到底，你就要想朋友之所想，急朋友之所急，在他最困難、最需要幫助的時候，給他一個人情，這樣殺傷力更大。

三國爭霸之前，周瑜在軍閥袁術手下為官，是一個小縣的縣令。

這時候地方上發生了饑荒，百姓沒有糧食吃，不少人被活活餓死，軍隊也餓到失去了戰鬥力。周瑜作為父母官，看到這悲慘情形急得心慌意亂，不知如何是好。

周瑜聽說附近有個樂善好施的財主魯肅，就登門去借。兩人寒暄一陣，周瑜就直接說：「不瞞老兄，小弟此次造訪，是想借點糧食。」

魯肅聽後哈哈大笑：「此乃區區小事，我答應就是。」

魯肅親自帶周瑜去查看糧倉，這時魯家存有兩倉糧食，魯肅痛快地表示：「也別提什麼借不借的，我把其中一倉送給你好了。」

周瑜及手下一聽他如此大方都愣住了，要知道，在饑饉之年，糧食就是生命啊！魯肅可謂送了周瑜一個大人情。

魯肅做足了人情，和周瑜交上了好朋友。後來周瑜發達了，當上將軍，他牢記魯肅的恩德，將他推薦給孫權，魯肅終於得到大展鴻圖的機會。

做足人情還有一個意思，就是你欠了朋友的人情，還的時候要還足，甚至更多。你的人情大於他的，他就得記著新的人情，朋友之間的帳，永遠也算不清。從某種意義上講，這種算不清的帳，無疑成了與朋友之間聯繫的一種樞紐。

朋友之間的情誼是用人情在維繫的，所以在做人情方面，一定要看得開，決定去做的人情，一定要做足。做足人情並非「自作多情」、「一個願打，一個願挨」，而是「放長線釣大魚。」人情做足了，才具有殺傷力，萬一有事託人，對方才能把事辦好。

如果你會交友，朋友必能為你所用。遇事需幫忙，一通電話、一句相挺，心甘情願，即使再難的事也可迎刃而解。

IT'S NOT WHAT YOU KNOW
BUT WHO YOU KNOW.

3

三部曲　活用人際關係的金鑰匙

● 給朋友面子，朋友才幫你

人沒有面子就不體面，不體面就吃不開，有時還會掉腦袋，好比下面這則故事：西楚霸王項羽兵敗烏江時，悲歎地說：「縱江東父老憐而王我，我何面目見之！」所謂「何面目見之」，也就是「沒臉見人」，更文雅的說法是「無顏見江東父老」。項羽為了他的顏面，為了自己的面子，自殺了。

「死要面子」，就是說寧願死也要面子。項羽為面子而死，孔子的徒弟子路為了不丟面子，不惜結纓而去，甚至有的人即便死了也要爭面子。

如此，我們看到面子的重要。我們每個人都需要面子，而且都希望自己有面子，有面子就能被別人看得起，表示他在人群中的優越感。懂得這個道理，交友就方便許多。只要你給朋友面子，朋友自然樂意回報你的面子，為你辦事情。

(1) 不給人面子就不好辦事情

若不給人面子，後果有時是很嚴重的！

三國名將關羽，過五關，斬六將，溫酒斬華雄，匹馬斬顏良，偏師擒於禁，擂喜三通斬蔡陽。「百萬軍中取上將之首，如探囊取物。」可謂英雄。

然而，這位叱吒風雲，威震三軍的一世之雄，下場卻很悲慘，居然被呂蒙一個奇襲，兵敗地失，被人割了腦袋。

關羽兵敗被斬的最根本原因是蜀吳聯盟破裂，吳主孫權興兵奇襲荊州。吳蜀聯盟的破裂，原因很複雜，但與關羽其人驕橫，處處不給人面子有著密切的關係。

諸葛亮離開荊州之前，曾反覆叮囑關羽，要東聯孫吳，北拒曹操。但他對這一戰略方針的重要性認識不足。他瞧不起東吳，也瞧不起孫權，致使吳蜀關係緊張起來。

關羽駐守荊州期間，孫權派諸葛瑾到他那裡，替孫權的兒子向關羽的女兒求婚，以求「結兩家之好」，「並力破曹」這本來是件好事，但關羽沒有利用這一良機，進一步去鞏固蜀吳的聯盟，竟然狂傲地說：「吾虎女怎肯嫁犬子乎？」

不嫁就不嫁，又何必如此出口傷人？後來這話傳到孫權那裡，讓孫權很沒有面子，致使雙方關係破裂，關羽被自己的盟友所殺。

俗語說：「蟻蟲遭扇打，只為嘴傷人」。以尖酸刻薄之言諷刺別人，只圖自己嘴巴一時痛快，殊不知會引來意想不到的災禍。人與人之間原本沒有那麼多的矛盾糾葛，往往只是因為有人逞一時之快，說話不加考慮，隻言片語傷害了別人的自尊，傷害了別人的面子，讓人下不了台，心中怎能不燃起一股怒火？有機會自然就會報復。

西元前六〇五年，楚人獻給鄭靈公一隻特大的鱉，靈公用牠來大宴群臣，卻唯獨不讓子公吃。這是因為有一次上朝時，子公的食指自己動了起來，他便對別的大夫說：「我的食指一動，就能嚐到非同一般的美味。」靈公聽了，就故意不讓子公吃鱉，要讓子公的話不能實現，顯然是不給子公面子。

子公為挽回面子，就直接走向烹鱉的鼎前，染指於鼎，嚐之而出。子公挽回了自己的面子，卻掃了靈公的面子。雙方只好翻臉，只不過子公搶先一步，弒殺靈公，並給他弄一個「靈」的謚號，讓他永遠沒面子。

交朋友，要懂得面子之道，而首先就是要懂得如何照顧朋友的面子。倘若你不把別人放在眼裡，又碰上死要面子的朋友，對方不吃你那一套，甚至可能撕破臉和你直接槓上，這樣常會把友情搞毀。

西晉時，鍾會去拜訪嵇康，遭到冷遇，嵇康當時正在打鐵，沒空理他，「揚鎚不輟，旁若無人」，鍾會被大大地駁了一回面子，他吃不消，於是就去報復嵇康。他向司馬昭進讒言，讓嵇康上了法場，人頭落地。

這叫以牙還牙，以眼還眼，是人際關係常見的一條準則，無論恩仇，都要回報，因為老子早就說「來而不往，非禮也。」所以不但要回報，而且回報的級別往往大於給予者。人敬我一尺，我敬人一丈。同樣，你傷了我的面子，我一定要剝了你的皮。

由此可見，不給朋友面子，自己不僅得不到好處，還有可能受到對方的傷害，反而對自己不利。不如給朋友留足面子，以便以後好說話、好辦事。

(2) 越是在公共場合，越要給別人留面子

面子是給人看的，尤其是在公共場合，更要多為對方著想，給對方留足面子。為什麼在社交場合要特別為對方留面子，注意給對方「台階」下呢？這是因為在交際場合中，每個人都展現在眾人面前，會格外注意自己的社交形象，會比平時表現出更強烈的自尊心和虛榮心。在這種心態的支配下，他會因為你沒有給他留面子，而產生比平時更為強烈的反感。

在社交場合裡，適時地為陷入尷尬境地的人提供一個恰當的「台階」，使他免於丟面子，這是為人處世的原則。不僅能使你獲取對方的好感，也有助於你樹立良好的社交形象。否則，對方沒能下得了「台階」而出了醜，可能會記恨你一輩子，相反地，若注意給人「台階」下，可能會讓人對你感激一生。

有時，人難免因一時糊塗做一些不適當、「錯誤」的事。遇到這種情況，一定要盡量避免觸及對方所避諱的敏感區，避免使對方當眾出醜。必要時可委婉地暗示對方他的錯處或隱私，稍微讓他感到一點壓力。不過不用太過分，只須「點到為止」，絕不能傷了對方

的面子。

廣州一家著名的大酒店裡，有一位外賓吃完最後一道茶點，順手把精美的景泰藍製筷子悄悄「插入」自己西裝內的口袋裡。

服務生不露聲色地迎上前去，雙手擎著一個裝有一雙景泰藍筷子的綢面小匣子說：「我發現先生在用餐時，對我國景泰藍筷子頗有愛不釋手之意，非常感謝您對這種精細工藝品的賞識。為了表示我們的感激之情，經餐廳主管批准，我代表本店，將這雙圖案最為精美，並且經嚴格消毒處理的景泰藍筷子送給您，並按照本店的『優惠價格』記在您的帳單上，您看如何？」

那位外賓當然明白這些話的弦外之音，在表示了謝意之後，說自己多喝了兩杯，有點發暈，誤將食筷插入口袋裡。並且聰明地借此「台階」說：「既然這種筷子不消毒就不好用，我就『以舊換新』吧！哈哈哈。」說著取出口袋裡的筷子恭敬地放回桌上，接過服務生給他的小匣，不失風度地向結帳台走去。

這個例子中的服務生，巧妙地指出了對方的錯誤，又為對方留足了面子，這是最好不過的了。

(3) 用面子換面子

你可以贏得一場戰爭，但未必能贏得真正的和平。你傷害過誰也許早已忘記，可是被你傷害的那個人卻永遠不會把你忘記。其實，不傷朋友的面子，不只是給朋友面子，也是給自己面子。

一年擁有百萬美元薪水的人，歷史上非常少數，其中一位就是美國鋼鐵大王安德魯・卡內基的助手查理斯・史考伯。為什麼卡內基付給史考伯年薪一百萬美元即每天三千多美元呢？正如卡內基親自為他寫的墓誌銘上說的那樣，他是「一位知道如何將那些比自己聰明的人集結在身邊的人」。史考伯是一位善於給別人面子，以面子換來面子，換來那些為他打天下的人。

有一天中午，他從自己的一座鋼鐵廠走過，看到幾個員工正在工廠裡吸菸，正好那塊「嚴禁吸菸」的大招牌就在他們的頭頂上。史考伯沒有指著那塊牌子對他們說：「你們站在這裡抽菸，難道你們都是瞎子嗎？」

他只是朝那些人走過去，友好地給每個人遞上一支雪茄，說：「如果你們能到外面去抽掉這些雪茄，我將十分感謝。」

那些吸菸的人立刻意識到自己錯了，但因為史考伯沒有粗暴地斥責他們，對他自然就產生了好感。在糾正錯誤的同時，又沒有傷害他們的自尊。這樣的上司，誰還願意和他作對，不努力去工作呢？

因為他們的上司在提醒錯誤的同時，也讓他們保住了面子，他們當然會給上司面子，把自己的工作做得更好。

人世間講究以恩報恩、以怨報怨。那麼與其傷朋友的面子，不如給他一個面子，讓他欠你的情，他日回報的面子一定大於你給他的，滴水之恩，湧泉相報，甚至今生不能報的話，來生做牛做馬也要報。

諸葛亮之所以一生追隨劉備，就是因為劉備給了他太大的面子。劉備三顧茅廬的故事大家都耳熟能詳：劉備第一次屈身去請諸葛亮時，適逢他外出；第二次去請，諸葛亮正在睡覺，一直到第三次，諸葛亮才與他交談。如此大的面子，諸葛亮怎能不以面子相報。這位歷史上最出名的謀士，被請出山時還是滿頭青絲，等他去世的時候，已是蕭蕭一老翁了。諸葛亮不僅全心回報了劉備，也回報了其兒子劉禪的面子，最後死在戰場上。

朋友相交，也要會用面子。你給朋友面子，朋友自然也會回報你面子，如果你有什麼事需要朋友幫個忙，只要朋友還你一個面子，你的事就成得差不多了。

●請人幫忙，學會客套

你可曾有過這樣的經驗？當你走入一個地方時，那裡有你熟悉和不熟悉的朋友。他們看見你來了，立即起身迎向你，對你表示歡迎，然後請你坐下，為你泡上一杯茶，接下來雙方寒暄幾句、客套一番。就這樣，雙方都感覺很好，也由此變得更加融洽，增進好感，使友誼更進一步，不知不覺中，也為你打開了方便之門。

也許許多人會對此不以為然：「既然是朋友，還在意什麼客套？」這種想法千萬要不得。客套是人與人之間最基本的一種禮貌，是求人做事的前奏曲。如果你去找人辦事，別的不講，就直接說出你要辦的事，對方肯定會覺得有點突兀，感情上也接受不了，辦起事來就會大打折扣。

幽默大師林語堂，總結中國人求人做事像寫八股文一樣，寒暄和客套是少不了的。如果「此來為某事」那樣直截了當地開題就顯得不風雅，如果是不熟的人就更顯得冒昧了。

林語堂說求人做事，有著八股般起承轉合的優美，不僅有風格，而且有結構，其結構大致可分為四段。第一段就是寒暄和客套，最後一段就是提出所求之事。可見客套在求人做事過程中是不可缺少的環節，有著鋪陳的作用。

(1) 得體的客套是美好的儀容

有人說：「客套多，朋友多；朋友多，好事多。」這話是很有道理的，因為客套和寒暄可以幫助你認識許多朋友，縮短人與人之間的距離，促成兩人的友好。

在生活中，我們經常聽到諸如「謝謝您」、「多謝關照」、「勞駕」、「請」之類的客套話。這樣的客套話可以向別人表示感謝，能溝通人與人的心靈，建立融洽的人際關係。

在求人做事以後，應真誠地說一聲「謝謝」。如果你不說一聲「謝謝」，只把感激之情埋在心底，對方會產生不快的感覺，認為他的付出沒有得到肯定，或認為你不懂禮貌，今後也不會再幫助你。同樣地，在打攪別人、給別人添麻煩時，能真誠地說一聲「對不起」，對方的氣就會削弱一半。在人際交往、求人辦事中，客套的作用不容低估。

很多時候，客套能表示尊重對方，表示禮節和謙虛。比如有人報告或講話，總要借助這樣的客套話：「我資質不高，研究不夠，恐怕講不好。」或者是「我講得不好，請大家批評指正。」諸如此類的客套話，表面上像隨口而出，是習慣用語，實際上發揮著講話者想表達謙恭願望的作用。

客套話是潤滑社交車輪的油，能減少「摩擦」、「噪音」。請人辦事，說一聲「勞駕」；送客臨別，講一句「慢走」，能顯示出你禮貌周到、談吐文雅。擅長外交的人們，像精通交通規則一樣熟諳客套，正如培根所說：「得體的客套同美好的儀容一樣，是永遠的薦書。」

客套要自然、真誠，言必由衷。上海某大飯店的一位大廳服務員就是這麼做的：當著名美籍華裔舞蹈家孟先生第一次到該飯店時，這位服務員向他微笑致意：「您好！歡迎您光臨本飯店。」第二次來店，這位服務員認出他來，邊行禮邊說：「孟先生，歡迎您再次到來，我們經理有安排，請上樓。」隨即陪同孟先生上了樓。時隔數日，當孟先生第三次踏入飯店時，那位服務員脫口而出：「歡迎您又一次光臨。」孟先生十分高興地稱讚這位服務員：「不呆板，不制式」。

這位服務員當受如此表揚，並非學鸚鵡，見客只會道一聲「歡迎光臨」，而是能根據交際情境的變化，運用不同的客套，表現出他對工作的熱愛和說話的藝術。

(2) 講客套才能辦好事

有些人容易把應酬、客套、寒暄甚至是聊天這些基礎的應對行為，看作是虛偽、庸俗和毫無意義的東西，在思想上排斥，在行動上加以抵制。這樣的人在交際上屢屢受挫，連連吃虧，是天生不會求人辦事的人。

客套當然不一定都在語言上，一個眼神、一個手勢，或者點一下頭、微笑一下，凡此種種，都屬於客套的範疇。客套可以看成是一個比較寬泛的概念，是一種禮節，如果運用得好，能擁有意想不到的效果。

日本松下電器公司的松下幸之助是個很講客套、很會運用客套的人。他在交託下屬去執行某一件事時會說：「這件事拜託你了。」遇到員工時，他會鞠躬並說：「謝謝你」、「辛苦了」之類的客套話，有時會親自給員工斟一杯茶，或者送給員工一件小禮物。松下就是善用這種客套來激勵員工，為他毫無怨言地效力做事的。

人是有感情的社會性動物，人際關係網從某種意義上說，正是出於人類感情交流的需要。客套是溫暖的，能加深對方的瞭解、親切關係，增加友誼，彼此之間的關係因為客套而發生變化，雙方的心理距離縮短了，感情就有了呼應和共鳴，這樣對方在興奮歡悅之餘會給予更多的關照、更好的回報。

交際心理學認為，人際之間存在「互酬互動效應」，即你如何對待別人，別人也以同樣的方式給予回報。客套一下，看似稀鬆平常，可它卻能引起人際間的良性互動，成為辦事成功的促進劑。

● 要想辦好事，必須事換事

社會心理學家霍曼斯提出，人際交往在本質上是一個社會交換的過程，也就是事換事的過程。長期以來，人們很忌諱將人際交往和交換聯繫起來，認為一談交換就很庸俗，褻瀆了人與人之間真摯的感情。這種想法顯然不符合求人辦事的規則，因為我們在求人辦事的交往中，總是在交換著某些東西，也許是物質，或者是感情，或者是其他。

假如你去求人幫忙，就得先估計自己能不能幫對方辦事，有沒有什麼本事作為交換條件，要是貿然開口去求人，結果當然是門都沒有！只有自討沒趣而已。

所謂交換條件，可以是物質，也可以不是。你的某種能力對方認為很需要，那你的這項能力就是交換條件；你的親戚某甲是個有地位的人，對方若需要你的親戚某甲，那麼某甲的財力或勢力或地位，就是交換條件；你的活動力特別旺盛，對方認為你的前途大有希望，這也是你的交換條件。

求人幫忙，讓對方知道你有能力為他做些什麼，能從你這裡得到什麼好處、有什麼利用價值。或者你已替對方辦了什麼事，這時只要你開口，所求之事就會大功告成。

(1) 你不給人幫忙，就不要奢望別人替你辦事

曾經看到這樣一則哲理故事：有一個人被帶去觀賞天堂和地獄，以便比較之後該如何選擇他的歸宿。

他先去看了魔鬼掌管的地獄。一眼乍看之下，他十分吃驚，因為所有的人都坐在酒桌旁，桌上擺滿了各種佳餚，包括肉、水果、美酒等等。然而，當他仔細看清餐桌上的人時，他發現裡面沒有一張笑臉，也沒有伴隨盛宴的音樂或狂歡的跡象。坐在桌子旁邊的人看起來沉悶無比、無精打采，而且骨瘦如柴。他們每人的左臂上都捆著一把叉，右臂上捆著一把刀，刀和叉都有四尺長的把手，不能用來吃飯。所以即使美食在他們手邊，他們也吃不到，一直挨著餓。

他又去天堂，同樣有人、同樣有食物和餐具，可是這裡的居民歡歌笑語，生活十分快樂。因為他們互相餵食。

這個小故事告訴我們一個啟示：你替人幫忙，人家才會替你辦事，你給人幫助，人們才會給你以幫助。

現代社會建立在交換關係之上，有來才有往，你幫人家辦事，他欠你一個情，日後你

有事求他，他才會反過來幫你辦事。如果你不幫別人辦事，那就不要指望別人為你辦事。

(2) 主動滿足他人的願望

俗話說：「投之以桃，報之以李。」這句話體現了求人幫忙的原則。在現代社會裡，人們都希望得到立竿見影的效果，否則就不願付出，這在人與人之間的交往中表現得非常突出。

在生活中不乏這樣的現象：在求對方幫忙時，對方並不情願為你白忙，他希望你也能幫他做些事情，有的甚至希望在他為你辦事之前，你得先為他辦事。如果瞭解對方的這種心理，主動滿足他的欲望，他就會很痛快地幫助你。

辦事，講究事換事。某些事該不該為你辦，首要的是看你能不能也幫他辦事，或者你有沒有幫他辦事的潛力，到時能為他所用。

求人與被人求是一筆人情債，儘管人情債無法精明地計算，但是也要心中有數。

有時對方沒有什麼需要幫忙的事情，此時你就要讓對方精神上得到滿足，表現出對對方的崇拜和尊敬，誇獎對方的能力。

如果你與對方關係很密切，求他幫忙時，他不會提出條件來，那你也要多為對方考慮，盡量多為對方解決一些困難。不論關係多密切，你若總是求人家幫忙而沒有回報，時間久了一定行不通。

如果你求別人幫助的是一件名利雙收的事，那對方也希望從中得到一些名或利。如果對方什麼也得不到，而你卻名利雙收，對方就會在心理上失衡。要想辦成事，必須事換事，能領悟和運用這一點的人，就會成為無往不勝、所向披靡的辦事高手。

●利益相同，對方幫忙更主動

交友辦事時，如果讓對方覺得與你有共同利益，如此一來，對方會更積極主動，你會獲得更好的成果。好比戰場上同一個戰壕的戰友一樣，同袍之間有著相同的利益，共生死同存亡，每一個人都要勇敢地去戰鬥，才能取得共同的勝利。其實，求人幫忙也跟打仗一樣，要為了共同的目標和利益去奮鬥。

有一部電視劇，劇中有個老謀深算的強盜計畫要搶銀行，於是他找了兩名以前的手下共商搶銀行的大事。但是因為他們只有三個人，很難成功，他便要他的手下另外再找七個人，組成十個人的強盜集團。

他的手下順利地找到了所需的人手，但老強盜卻發現，他與這七個新夥伴根本就不認識，他們是否值得信任實在是一個大問題。

於是他想到了每晚分別與一個新夥伴共進晚餐的好辦法，席間除了加深彼此的感情、交代各人所負的任務之外，還鄭重地向他們表示，他們之間有著共同的利益，也就是「也跟你們一樣需要錢！」出於彼此有了相同的目標和利害關係，這個計畫最後終於成功了。

當然，這不是一個好例子。不過卻說明這樣一個問題：彼此之間的溝通與合作，讓對方感覺到你與他有相同的利益關係，往往可以迅速地拉近彼此的距離，使對方努力去做。

(1) 找到你們之間的共同點

若能形成雙方的共同點，讓對方感覺到你與他的利益是一致的，對方就會主動去辦事。

有一家工廠的生產效益不是太好，員工們的工資很低，當員工們要求增加工資時，老闆就對他們說：「各位，你們希望公司倒閉嗎？」當然沒有人希望工廠倒閉，如果倒閉就會失業，連眼前的低工資也拿不到。

老闆繼續喋喋不休地說：「如果工廠倒閉了，大家一毛錢也拿不到。我也不希望工廠倒閉，我與你們有著共同的利益，工廠倒閉了對你們、對我都沒有好處。如今我們只有團結一致，共同度過難關，若工廠持續營運順利，大家都有個希望。」

員工們聽了老闆的話，感覺到老闆與自己有著共同的利益關係，覺得工廠營運更順利，老闆發財了，自己的薪水就會提高。結果這些工人齊心協力，各個努力工作，工廠果真變得有聲有色，最後老闆和員工們都達到了自己的願望。

(2) 讓對方知道你與他的利益是一致的

有這麼一則寓言：天鵝、烏龜、小蝦同拉一輛車，天鵝拚命地往天上飛，烏龜拚命地往岸上拖，小蝦拚命地往水裡拉，可是車子卻一動也不動，因為牠們拉車的目標不一致。目標、方向不統一，當然最後徒勞無功。

這個寓言告訴我們一個道理，只有相同的利益、相同的目標，才能達成共識，並為之努力。在交友辦事的過程中，如果讓對方知道你和他有著共同的利益，雙方必須結成利益同盟，才能取得共同利益，事情就會好辦多了。

利益的相通、同一和互補建立在團結一致、同心協力上。只有這樣，才能求得成功順利，避免一再損失的結果。

戰國時代後期，經過商鞅變法後的秦國逐漸強大起來，成為七雄中實力最強的國家，齊、楚、燕、韓、趙、魏六國均無力單獨抗擊強秦的侵略。為了與強大的秦國對抗，保持弱小國家的利益，六國聯合，勢在必行。其時，謀士公孫衍首先提出「五國相王」合作抗秦的策略，後來，東周洛陽人蘇秦極力推行，他周遊列國，遊說各國合縱抗秦，終使六國聯合起來延續百年之久，令秦國不敢輕易向六國中的任何一國下手。

西元前三一四年，蘇秦先到燕國，向燕文王指出，自己與燕國有著共同的敵人、共同的利益：在強大的秦國面前，各小國好比風中的蠟燭，只有大家聯合起來，才能保護各國的利益不受分割。他勸說燕文王應與近在百里的趙國聯合，以防千里之外的強秦。

燕文王接受了蘇秦的建議之後，蘇秦又來到趙國，向趙肅候指出了大家共同的利益。他說：「秦國進攻趙國，是因為顧及韓、魏兩國襲其後方。如果秦國先打敗韓、魏，再舉兵攻趙，那麼趙國的災難就到了。」蘇秦還向趙王指出：「六國之地五倍於秦，六國之兵十倍於秦，如果為了共同的利益，能夠合六為一，同心同德，必定能打敗秦國。」因此，他希望趙王邀請韓、齊、楚、燕等國國君進行談判，共商六國聯合抗秦大業，這樣，秦國就不敢進攻六國中的任何一國了。

整個遊說過程中，蘇秦抓住了各國都要維護自己的利益、秦國是他們的共同敵人這一主線，講明六國有著共同的利益關係，合則可以抗強，分則有被秦國各個擊破的危險，因此，和衷共濟，聯合抗秦，才是保護自己國家利益不受分割的唯一選擇。

讓對方知道你與他有著共同的利益，對方才會竭盡全力去做。在這個世界上，沒有人會不去努力維護自身利益的。

●事情做好的好處

在求人幫忙時，如果對方認為答應你的要求是在進行無償的奉獻，他根本無利可圖，得不到任何好處，這時他自然不願意幫你，或至少不會太積極，甚至還會給你添麻煩，讓你辦事阻力重重。

要想辦事順利，在求朋友幫忙的時候，就要讓朋友知道事情辦成後他會得到某種好處。要讓朋友知道你不是白白讓他幫忙。

我們常在電影和電視上看到這樣的鏡頭：一方給另一方暗示或許諾，若把某件事辦成功了，就答應給對方多少錢或者某種好處。對方聽了以後，精神為之大振，為了得到某種好處，或者由於某種好處的誘惑，他會盡最大的努力，想盡辦法、排除萬難，最後的結果是很快就把事辦成了。

讓朋友知道事情辦成後的好處，這種好處是多方面的，諸如把某事辦好了，其事情本身就會給幫忙者帶來好處；或者把事情處理好後，會贏得升官發財的機會；或者把事情做好後，會得到回報，滿足他某一方面的需要，這種好處可能是物質的，也可能是精神的。

(1) 有好處和沒好處，會有不同的結局

有好處和沒好處，辦事就會出現不同的結局。有好處，他才會拚了命去替你處理。

春秋時的范蠡被奉為商人的始祖，他曾輔佐越王勾踐打敗吳國，隨後功成身退，移居別地經商，以他的聰明才智，很快便成為當地最有權勢的人。

後來，他的次子因殺人獲罪被囚在楚國，范蠡計畫用金錢保全兒子的性命，他派長子去辦這事，並寫了封信讓他帶給以前的朋友莊生，並囑託長子說：「一到楚國，你就把信和錢交給莊生，一切聽從他的安排，不管他如何處理此事。」

范蠡的長子到達楚國，發現莊生家徒四壁，院內雜草叢生，一點也不像個達官顯貴的樣子。雖說按父親的囑託把信和錢交給了莊生，但心中並不以為此人可以救出弟弟。

莊生收下錢和信，告訴長子：「你可以趕快離開了，即使你弟弟出來了，也不要問其中原委。」

但長子由於心存疑慮，並未離開，又接著去賄賂其他權貴。

莊生雖貧困，但非常廉直，楚國上下都很敬重他，他的話在楚王那裡也很有分量。莊

生得了范蠡的好處，自然要為范蠡幫忙，救出他的次子。

莊生求見楚王，說近來某星宿來犯，於國不利，只有廣施恩德才能消彌災禍。楚王於是決定大赦天下。

范蠡的長子聽說楚王大赦天下，覺得弟弟一定會被放出來。他覺得這樣，送給莊生那麼多的錢財，不就如同白花一樣嗎？於是又去找莊生把送去的錢要了回來，心中還洋洋得意，以為又省了錢又辦了事。

莊生沒了好處，心裡很不舒服，感覺被范蠡的長子耍了。於是又去見楚王說：「聽說范蠡的兒子在我國犯罪被囚，現在人們議論說大赦是因為范蠡拿錢財賄賂大臣的緣故，這對您的名聲不利啊！」幾句話說完，楚王就決定先殺了范蠡的兒子再實行大赦。結果，長子因不願給人好處，只能捧著弟弟的屍骨回家。

這個故事告訴我們，求人幫忙，肯給人好處和不肯給人好處，結局是完全不同的。范蠡的長子因為不願給辦事的對方好處，結果事沒辦成，還害死了他的弟弟。這個教訓對我們求人辦事來說，真是太深刻了。

(2) 讓對方知道，事情辦好了，他也能得到好處

要讓對方知道，若事情達成後，對方也會從中得到一份利益，對方才會賣力。

埃克是一座大農場的主人，他的農場裡種了大片的棉花，棉花開花該摘的時候，他雇了許多工人來採摘。

有一天，埃克去農場巡視採摘情況，看到一些工人偷懶，地上也到處扔著雪白的棉花，十分可惜。埃克急了，他把工頭們找來，讓他解雇偷懶的工人，並要求他們不要亂丟棄棉花，工頭們答應了。

過了一天，埃克又去農場巡視，發現情況依然存在，心裡十分著急，一方面是因為嚴重浪費，一方面是因為如果不抓緊時間採摘棉花，雨季一來，棉花將會全被毀掉。他不明白為何自己每次來這裡，都會看見偷懶的人和浪費的現象，而那些工頭天天在此，卻好像沒有看見一樣呢？即使再三強調，卻依然沒有效果？

埃克便去請教一位朋友，朋友告訴埃克：「因為農場裡的棉花是你一個人的棉花啊。」埃克一下子明白了，他這才意識到，就因為那些工人得不到什麼好處，所以有偷懶和亂丟

棉花的現象，想要工人們把事做好，在雨季來臨之前採摘完棉花，必須給那些工人們甜頭和好處。於是，他立即召集所有的人開會，他在會上宣布：「在雨季之前把棉花採摘完，大家除了工資以外還可以得到採摘棉花收益的二〇%。」

開完會，有了這樣的許諾以後，埃克再去農場巡視時，再也沒有發現有偷懶的工人，地上也沒有胡亂扔棄的雪白棉花了。

現在很多求人幫忙的人都知道這個道理，許多企業和公司會答應職員，如果能夠處理好某件事，比如簽到合約，就會按獲利的比例提撥獎金給職員。這樣做，即使再的事也會達成。再比如，派人出去收欠款，如果承諾收回欠款後，按多少比例提撥給收款者，那收款人自然會為了得利去軟硬兼施，使出渾身解數，把欠款收回來。

能得到收成、得到好處，誰都會努力的。

(3) 讓對方看到好處，對方會心甘情願為你辦事

再倔強的人只要有利可圖，看到好處也會上鉤。要想達到自己的目的，就必須刺激對方的欲望，讓對方知道，只要能辦成事，他就能得到回報、得到好處，並不時給些甜頭，讓人相信你所說的並非空話。

如果求人幫忙，對方看不到好處、得不到甜頭，自然不會去做。你說一百句動聽的話，還不如讓對方得到一點實實在在的好處。

有一位寫小說多年的作者，作品總是難以發表。他認識一位刊物的編輯，花了兩年時間，送了十多篇小說稿給這位編輯，但是，每一次這位編輯看了看就說：「稿子還沒寫到味道。」不是推託小說題材太陳舊，就是推託說稿子已排滿了；不是這有問題，就是那有問題，總而言之就是發不了。

有一個星期天，這個作者又到編輯家送稿，正巧碰上編輯的電腦螢幕壞了，要拿出去請人修理。這個作者也算個文人，平日臉皮薄，羞於給編輯送些禮物或給些什麼好處。

這次他逮著這個機會，對編輯說：「我家裡還多一個螢幕，我送給你先用吧。」這位編輯沒有推託。作者趕緊回家去，把自己在用的、買了還不到一年的螢幕送給這位編輯。編輯拿到他送的螢幕，人立即熱情起來，當下認真地看了一篇他送來的小說稿，並馬上肯定了這篇稿子，說：「沒想到你的小說寫得越來越好了。」而且決定在當期的刊物上發表。

這位作者巧妙地替編輯送上好處，輕鬆地把自己多年沒辦成的事處理妥了。

好處是求人幫忙的天平，讓朋友知道事情辦成後會得到好處、得到回報，讓對方覺得為你辦事值得，那你所求之事就能輕鬆地辦成了。

●把要求先提高，再降低

求朋友幫忙時，先把要求提高，接著再降低，對方就會比較容易接受。

比如，你打算向朋友借一千元，你先向朋友開口借一萬元，這時，朋友心裡會想：「我哪有這麼多錢可以借你啊？如果少借點，還有得商量。」朋友可能會對你說：「你知道的，我只有這麼點薪水，實在幫不上你。」你見朋友為難時，如果隨坡向下降，換個方法說：「真不好意思，我不知道你手頭上也不寬鬆，要不這樣，你先借我一千元，先把這事應付過去再說。」朋友聽你這麼一說，就會痛痛快快地借給你一千元。

其實，你只想借一千元，如果你一開始就說借一千元，對方可能找個藉口拒絕你。而你把借錢的數目先提高，再降低到朋友可以接受的限度，朋友覺得再不幫你的話就有些過意不去，自然容易接受。

有一個很優秀的電腦業務員，在推銷電腦系統的產品時，絕不一開始就對價格進行交涉。首先他會在原價之上加上維修費、施工費等等，提出一個超過對方預料的價格。對方自然不會同意，然後他再想盡辦法降低價格。

在第一階段突破以後，又經過幾次的交涉，他會繼續說：「那麼，我就把維修費減半吧！」或者提出「我把原價降低百分之五吧！」之類的妥協話。因為剛剛開出的價格非常昂貴，所以從原價給予優惠，顧客會覺得自己占了很大的便宜。

事實上，即使業務員做出了這樣的妥協，也能賺到很多錢。然而，即使顧客同意這一價格，也不能立刻答應顧客，這位業務員會說：「對於這個價格，我要再和上司商量一下。」然後將這件事擱置兩、三天。

在擱置期間，顧客會感到不安，當估計對方的不安達到頂峰時，再佯裝勉強的樣子和他簽訂合約。這樣一來，不僅賺了荷包，而且也讓顧客有滿足感，下次還會再次光顧。不只這個例子，有時候在開始時提出苛刻的條件，然後再提出妥協的方案，即使這個妥協方案仍然是很苛刻的，也會讓對方感覺是個較為寬鬆的條件，這是人們心理上的對比效果造成的。

有些人在求人幫忙時，他們明確說出自己的要求，甚至要的比實際需要量多出十倍到二十倍。這樣一來，只要能滿足他要求的一半也就夠了。

(1)把要求逐漸降低，讓對方感到揀了便宜

有一家企業的員工們經常偷懶，根本達不了目標。老闆想出了一個高招，他沒把目標降低，反而提高到員工們即使再努力，也很難完成的高目標。這樣一來，員工們儘管盡了最大的努力也無法完成，每個員工都對老闆有怨言，但是卻都能超額完成最初的設定目標。

一段時間後，老闆把目標降低到員工都可以完成的地步，員工們不但沒有了怨言，反而認為老闆善解人意，處處為自己著想，便宜了自己，很輕鬆地接受了高標的任務。

這個老闆的成功，就是在於他掌握了員工的心理，加以巧妙地利用。

同理，在商業推銷中，善於抓住顧客的心理是很重要的，有些精明的業務員會利用顧客貪圖便宜的心理，先把商品的價格提得很高再逐漸降低，甚至降低到讓顧客不買就覺得沒得到便宜、吃了虧一樣。

披肩在墨西哥很盛行，它不僅可以修飾身材，還可以阻擋風沙襲擊。尤其是中年男女們如果披上一塊鮮豔的披肩，就仿佛回到了青年時代。

羅西是一個披肩推銷員，他像往常一樣，邊走邊叫賣：「賣披肩嘍！一千兩百比索一條（墨西哥貨幣單位）！」他一邊喊一邊在人群中尋找目標。

有一個位夫人看見了披肩，悄聲對丈夫說：「這披肩真美！可惜貴了一點。」丈夫說：「這些披肩在墨西哥到處都有，何必在這裡買呢？」妻子看丈夫不願意買，只好依依不捨地走了。

羅西汗流浹背地追上那對夫婦時，丈夫對羅西說：「朋友，我實在感謝你的好意，只是我們不想買。請你找別人好嗎？」

羅西答道：「我看見夫人很喜歡披肩，我是想便宜一點，八百比索賣給你們。」這對夫婦還是不買，羅西說：「六百比索，你們要嗎？」可是，他們像沒聽到羅西的喊聲一樣繼續往前走，甚至加快了腳步，想擺脫羅西的糾纏。

在一個拐彎處，羅西又一次站到他們面前，喘息著對他們說：「五百比索，五百比索好了……好啦，便宜你們，四百比索。」

丈夫遲疑了一下：「我告訴你，我們不買你的東西，別再跟著我們。」但羅西仍沒有放棄這次機會，他紅著臉說：「好吧，算你贏了，只賣你兩百比索。」

「你說什麼？」夫妻倆拉高了聲音，他們對自己的反應也吃了一驚。

「兩百比索。」羅西重複道。

披肩。

「讓我看看你的披肩。」通過討價還價之後，這對夫婦以一百七十比索買下了一條披肩。

當夫婦二人告別旅遊勝地回到家中，在一個集市上又碰上了賣披肩的。一問價錢，才一百五十比索。

羅西是一個善於觀察的人，能從中分析一個人的心理變化。他抓住了顧客很愛披肩的心理，用價格來調和顧客的消費心理，使顧客欲罷不能，買下了他的披肩。

羅西從一千兩百比索的賣價開始，最後只賣了一百七十比索，這種先提高價格，再逐漸降低價格的推銷方法，緊緊抓住了顧客的消費心理，使顧客終於買下他賣得並不便宜的披肩，達到了目的。

求人幫忙也是同樣道理，先把辦事要求提高，再降低，朋友自然容易接受。

●辦到他人辦不到的事

生活中，我們經常會遇到一些棘手的事情，需要求朋友相助，但是朋友也可能因為難辦而委婉地拒絕我們，怎樣才能讓朋友拿出全部力量幫助我們呢？

有很多的辦事高手，屬於「自信型」的人。聽這種人講話，會使你感覺到人世間根本不存在什麼不能解決或難以決定的事情，簡直令人不可思議。

為什麼這些人會讓別人感到他們充滿自信，而且讓人相信他們所說的是真實的呢？原因之一就是他們的言語當中，經常使用「絕對」、「一定」、「百分之百」等全面肯定的斷定語。聽了他的話，你自己也會跟著有了信心，認為自己什麼事都可以辦到。

有一個企業家，因為有急需，要向銀行貸款一百萬元，他找到一在家銀行當信貸部主任的朋友。企業家對這位朋友說：「我現在急需一百萬，今天就要，你絕對能夠幫我辦到的。」

朋友說：「這怎麼可能呢？你知道的，我批示的許可權不能超過十萬元的，你要這麼大的數目，時間這麼急，找經理都無法解決呀！」

企業家說：「不用找經理了，找你就行了。你一定能幫我在今天拿到這一百萬，你是信貸部主任，只有你才有這麼大的本事。」

朋友說：「就算我行，按照正常的手續也要好幾天啊！」

企業家說：「我相信你的能力，如果你辦不到這事，誰還能辦到呢？」

這一席肯定的話，對他的朋友很有激勵作用，他的朋友信心百倍地去找直屬主管審批，加上這個行長對這個企業家很信任，很快便辦好了手續，還不到下班時間，這一百萬就到了企業家的手裡了。

本來企業家的朋友根本辦不到的事，竟順利地辦成了，這是為什麼呢？原因就在於企業家用肯定的語氣，激發了朋友的自尊和自信心，使他竭盡全力，發揮出最大的潛力，結果把不能辦成的事辦成了。

民意代表在競選高潮的演講現場會反覆地說：「我說的事情肯定會做到」，或者說「你們絕對可以信賴我」、「我對天發誓，絕不說謊」等等。

通常，當我們聽到這些演講時，雖然會認為事情並沒有那麼簡單，但我們的思想會不由自主地向「也許有可能吧」這方面倒。例如，傳達情報時，用全面肯定或者全面否定的斷定方式，比起用曖昧的表達方式，顯得更具有真實性和說服力。

例如，某地發生了地震，在調查地震的謠言傳播度時就發現，那些使用「全面損壞」、「全面毀壞」、「相當嚴重」等肯定語氣的謠言傳播力很強。「部分毀壞」與「全部毀壞」，「似乎遭到毀壞」與「徹底被毀壞」所給予聽者的震撼力是大不相同的。會求人幫忙的人，往往是巧妙地利用對方在心理方面的這種特點。

求人辦事，要充分利用心理戰術，多用肯定和鼓勵的話，就能激發對方的自信心。而對同樣一件事，用肯定的語氣或曖昧的口氣說出來，結果就會完全不同。

有兩個體力相當的人要爬一座山，你先對一個人說：「這座山不高，你絕對能夠爬到山頂！」那麼，這個人就有信心爬，有可能憑意志力爬上山頂。你若對另一個人說：「這座山這麼高，你恐怕爬不上去。」那這個人信心會大跌，可能就真的爬不上去了。

「絕對」、「一定」、「必須」等肯定語句有很強的心理暗示效果。這樣的話能激發信心，能說服別人辦到不能辦到的事情。

松下電器公司開始創建時，松下幸之助設定的奮鬥目標，誰都無法相信。但他本人卻充滿了信心，對任何人都表示「松下公司一定會如期成長」的態度，鼓舞了士氣，結果業績竟然真的達到了他預期的要求。

利用心理戰術，提高對方的信心和勇氣，能讓人認為不能辦到的事也能夠辦到。

(1) 以對方擅長的方式交流

與人交往的過程中，和善地表示和對方站在同一陣線上，虛心接受對方的意見，必定能使對方不再堅持己見而改變態度，使對方帶著認同的心，處理難辦的事。

有兩個推銷保險的推銷員，推銷員A是一位能言善辯、精神飽滿、行動敏捷、看來很有能力的人；推銷員B則是老成持重、慢條斯理、沉默寡言的人，但是他經常能夠出奇制勝，令A驚訝不已。

有一次，B竟然一句話不說，卻辦到了別人辦不到的事，他成功地說服了一位私人企業的老闆，一口氣買了六份五年度的保險，這使每個人都對他刮目相看、稱讚不已。B究竟使用何種手段，辦成了別人難以辦到的事呢？

原來這位老闆是一位既聾又啞，殊而不廢的人。以往前去拜訪的推銷員，發現他是個口、耳失靈的殘疾者就掉頭而去了。唯獨B能夠耐心地與他進行筆談，雖耗費了不少時間，收穫卻極為豐碩。

以心理學的觀點來解釋，就會發現這個企業老闆的一些特徵。因為他以為遭人忽視，故一般說來猜疑心和成見比較深，或者心裡有戒備，認為「健康人皆以自我為中心，不知體諒別人，和他們應對時，必須特別謹慎，尤其是那些推銷員……」所以時常流露出抗拒他人的神色。

多數推銷員不瞭解他的想法，也不知道應該採取何種方式來除去他的心理藩籬；同時，自身也隱隱約約抱有「和聾啞人交談徒勞無功」的偏見，因此總是不戰而退。

B發現對方有生理缺陷之後，毅然放棄慣用的推銷術語，改藉筆紙與對方交換意見，並且耐住性子逐步消除對方的成見和猜忌。

一般人總喜歡用自己擅長的手法，或自己信服的理論來說服他人，倘偌遇到同樣固執、而且成見頗深的對象，肯定難以奏效。為了淡化對方的抗拒心理，絕不可盲目地採用此種方法說服，應該仿照推銷員B的方式，先友善地和對方套交情，根據對方的生活環境，以對方擅長的方式溝通，創造一種融洽的氣氛，鼓勵對方傾吐內心的想法，然後才尋找適當的對策，將對方引導至與自己相同的立場，唯有如此，才能說服別人，辦到難辦之事。

(2) 裝出「只有您才能幫助我」的可憐相

人都願意幫助弱者，因為這樣可以顯示出自己的強大，滿足自己的虛榮心。善於求人幫忙的人，可以因勢利導，採用「以柔克剛」之計，準確地把握強硬對手的心理願望，從滿足對手願望的角度思考，所求的事情就有可能成功。

鮑爾溫交通公司的總裁福克蘭，年輕時因巧妙地處理了一項公司的業務而平步青雲。他當時是一個機車工廠的普通職員，由於他的建議，公司買下了一塊土地，準備建造一座辦公大樓，可是在這塊土地上的一百戶居民，都得因此遷移他方。

居民中有一位愛爾蘭的老婦人，首先跳出來與機車工廠作對。在她的帶領下，許多人都拒絕搬走，而且這些人抱成一團，決心與機車工廠一拚到底。

福克蘭對工廠主管說：「如果我們透過法律途徑來解決問題，只會既費時又費錢，我們更不能採取強硬的方法，硬碰硬地去驅逐他們，這樣我們將會增加仇人，即使建成大樓，我們也會不得安寧。這件事還是交給我來處理吧！」

顯然，面對如此局勢，最好採取「以柔克剛」的計策，聰明的福克蘭所選擇的正是這種辦法。

這一天，福克蘭來到老婦人家門前，看見老婦人坐在石階上。他故意在這老婦人面前走來走去，心裡好像在盤算著什麼，一副憂心忡忡的樣子，這一切自然引起了老婦人的注意。良久後，老婦人開口問：「年輕人，有什麼煩惱嗎？說出來，我一定能幫助你。」

福克蘭趁機走上前去，與老婦人寒暄了一陣，然後說：「聽得出來，您有很強的領導能力，實在是應該抓緊時間成一番大事業的。聽說這裡要建造新大樓，您是不是準備發揮您的超人才能，做一件連法官、總統都難以做成的事，就是勸您的鄰居們，讓他們找一個快樂的地方永久居住下去。這樣，大家一定會記得您的好！」

第二天開始，這個強硬頑固的愛爾蘭老婦人便成了全城最忙碌的人。她到處尋覓房屋，指揮她的鄰人搬走，並把一切辦得穩穩當當。

辦公大樓很快就破土動工了。而工廠在住戶搬遷的過程中，不僅速度大大加快，所付出的代價竟只有原本預算的一半。

福克蘭裝出一副無能的樣子，滿足了老婦人的心理，使她心甘情願地為福克蘭辦成了一件難以辦到的大事。

在求人幫忙的過程中，能巧妙地打好心理戰術，就能辦成難以辦成之事。

• 事情沒辦成，仍要感謝對方

在求人幫忙時，有許多人抱持著這樣的心態：對方幫自己辦事，如果辦成了，理所當然地要感謝對方。如果事情沒有辦成，便認為不必感謝對方了，甚至埋怨對方。

這種心態是不對的。對方即使沒有幫你把事情辦好，可能是由於某些方面的原因，他可能已經盡了自己最大的努力，問題不在他身上。

交友辦事，不管對方有沒有把事情辦成，都要感激幫助你的人。在現實生活中，求人辦事並不是一種「買賣」，就算這次基於某些原因，事情沒有處理好，下次也還是有機會可以順利地幫上你的忙。如果你認為用不著去感謝對方，好像無功不受祿，不值得去感謝的話，對方可能會認為你沒有人情味，以後再也不幫你忙了。

有一個部門主管，為了給下屬加一級薪資，受下屬所託，代表大家去找老闆，但由於公司效益不好，老闆認為還不到加薪的時候，所以予以拒絕，並說明有待年效益好轉，再考慮這個加薪計畫。

由於加薪這件事沒有達成，這個主管的下屬們不僅沒有感謝主管，還怨主管沒有為他們的加薪盡到力。這位主管心裡很不好受，認為好心沒得到好報，覺得下屬們沒有一點人情味。第二年，有給大家加薪的機會時，主管也不願意再為下屬去奔走，下屬們因此失去了加薪的機會。

如果下屬理解上司的難處，在上司沒把事情辦好時，也好好感謝上司，對上司說幾句窩心話，哪怕只善解人意地說一聲「謝謝」，上司也會為大家的利益繼續去努力奔走的。

現實生活中，很多人功利色彩太濃，似乎沒辦成事，就沒必要感謝對方，也不值得去感謝，這樣做自然很讓朋友寒心，甚至連朋友也做不成了。以後辦事如再需要朋友幫忙的話，誰還願意幫你呢？

有一位在北部工作的記者，春節時準備回家過年，但他臨時有採訪任務，抽不出時間提前去買火車票，便託付一個好朋友替他去買票。

朋友馬上跑到火車站，排了兩個小時的隊，輪到他時，火車票賣完了。朋友無功而返，記者心裡很不高興，不但連一句感謝的話都沒有，還給了朋友一個難看的臉色。

朋友排了兩個小時的隊，雖然沒買到票，沒有功勞也有苦勞，結果連一句感謝的話都沒聽到，還反被埋怨，非常生氣，一句話也沒說就走了，記者從此失去了這位朋友。

生活中這樣的事例很多，一個會交友辦事的高手，在朋友幫自己辦事沒辦成時，也會適時地感謝對方，既維繫原來的友誼，又為以後的交往打下堅實的基礎。

(1) 不吝嗇你的感謝，才有下一次

很少有詞語一講出，就可以立刻贏得對方的好感，幾乎沒有一個詞能擁有讓他人竭盡全力為你辦事的作用。然而，「謝謝」這個詞卻有這樣的魔力。說聲「謝謝」是世界上最容易、也是最可靠的辦法，它是贏得友誼、求人辦事的一件法寶。

有一個部落的小學教師，在山裡待了許多年，因山區潮濕，他的腿染上了風濕性關節炎，留在山裡繼續教書極為不便，於是想請調到平地的小學去教書。

這個小學教師把調動的事託付給在縣教育局的一位朋友，這位朋友當時是職教科的科長，沒有什麼大的實權，所以並沒有幫他把事情辦成，但他這個朋友為他的調動費了不少的力。

這個小學教師仍然很感謝這個朋友，他想辦法從部落裡帶上土產送給朋友，以表謝

意，並不時請朋友吃飯，說一些「這件事辛苦你了」、「謝謝你的幫助」之類的話。這位朋友因此很受感動，一直沒有放棄幫他的忙。後來，這個朋友時來運轉，升上教育局的副局長，並輕鬆地將這個小學教師調到平地小學。

如果當初這個小學教師是個勢力眼，見朋友沒把事辦成就不感激，那他的調動肯定遙遙無期。

在交友辦事時，不要太苛求，只要對方為你辦事，在沒有辦成的情況下，也要向對方表示感謝，這一點是千萬不可忽略的。

卡特是美國石油大王洛克斐勒的好友，也是幫助他創建標準石油公司的夥伴之一。但有一次，洛克斐勒與卡特合資經商，因卡特投資失誤而慘遭失敗，損失巨大，這使卡特很過意不去。

有一天，卡特走在路上，看到洛克斐勒與其他兩位先生走在他後面，他覺得沒臉回頭，於是假裝沒有看見他們，一直低頭往前走。這時，洛克斐勒叫住了他，走上前拍了拍他的肩，微笑著說：「我們剛才正在談有關你的事情。」卡特臉一紅，以為洛克斐勒要批評他，便開口道歉：「太對不起了，那實在是一次極大的損失，我們損失了……」

想不到洛克斐勒若無其事地回答：「啊……我們能做到那樣已經難能可貴了。這全靠你處理得當，使我們保存了剩餘的六〇%，這完全出乎我的意料之外，謝謝你！」洛克斐勒沒有因為卡特沒將事情辦好而埋怨他，相反地還找出一堆讚美和感謝的話，這真是出乎卡特的意料。

此後，卡特努力做事，不僅為洛克斐勒換回了損失，還為他賺了不少錢。

事情沒辦好，也要感謝為你辦事的人，給人信心和鼓勵，使得兩人的感情更為融洽，也為對方替你下一次辦事打下伏筆，預留了感情的資本。

如果你會交友，就不會識人不清。

什麼人是點頭之交，哪些朋友需要真心對待，應仔細衡量，切莫過於世故，讓你的人脈存摺失去累積紅利的契機。

IT'S NOT WHAT YOU KNOW
BUT WHO YOU KNOW.

4

四部曲　圓融人際關係的致勝心法

● 看清對象

善於交友是一種能力。有些人不會交友，也不會辦事，所以處處感到彆扭，彷佛到處都有路障。有些人則善於交朋友，所以並不感到做人辦事之難。前後兩種不同的結果，取決於你交友辦事是不是看清了對象。

在日常生活中，交友辦事要看清對象，學會與不同的人交朋友。對不同的人運用不同的交往之道，隨機應變，才能事事順利。

(1) 跟上司交朋友，要投其所好

求人幫忙無論繞多大的圈子，最終所求的「止主」可能就是你的老闆或者主管。如果能跟主管交上朋友、拉上關係，所求之事就成功了一半。

求主管辦事，就要懂得取悅他，投其所好，同時要揣摩透他的心思，摸清他的脾氣，想方設法和主管交上朋友。

在與主管交朋友辦事時，要根據主管的性格特點和好惡，對自己的為人處世方式做一些必要的修正，以便迅速贏得上司的好感，建立起一定的關係。在此基礎上，主管才會有興趣深入瞭解和考慮你的才幹，並使你「英雄有用武之地」。

湯米為人熱情大方，很善於與各種各樣的人打交道。在調到一個新單位後，他首先想到的是如何贏得主管的好感和賞識。做了一番調查後，他得知主管為人保守，毅然捨棄了長髮、牛仔褲等隨性裝扮，以循規蹈距的形象出現在上司面前。

在初步贏得上司的好感後，湯米充分發揮自己熱情、樂於助人、慷慨大方的優點，主動與主管交往，建立朋友般的友誼。

不過湯米並不是經常圍著上司轉，而是設法去順應上司的性格特點。他知道主管有一個最大的愛好——打乒乓球。於是，他苦練了一段時間的球藝，然後頻頻在主管常去的一家俱樂部露面，並每次都和主管一起對陣、切磋球藝，在球來球往中，主管與湯米成了一對好朋友。

經過一番交往，上司很自然地漸漸認識湯米自身的優點和才能，在工作中對他予以重用。湯米投其所好與主管交朋友，出色地把自己推薦給主管，贏得了事業上的成功。

由此可見，投其所好、曲意逢迎不僅是一種求人辦事的手段，更是一門高超的處世藝術。

(2) 與同事交朋友要不失恭敬

我們每一個人都不能迴避一個事實：步入社會後，一生都在與同事打交道。正因為如此，才需要與同事友好相處。

同事之間朝夕相處，可謂低頭不見抬頭見。時間久了，彼此都很瞭解，說話辦事全無初識時的拘謹與認真，這也是很自然的。但也不能認為天天見面，相互很熟悉就可以隨隨便便、不拘小節、失去恭敬。同事畢竟還是同事。彼此間相敬如賓，是保持良好的同事關係所不可缺少的。

俗話說，你敬我一尺，我敬你一丈。渴望得到別人的尊重，這是人的天性。因此，我們在日常工作和生活中，應該十分注意檢點自己的言行，切忌有意或無意地傷害同事的自尊心。

某公司人事科副主任沈全祥是一個性格高傲、目中無人的人。在公司裡，他對同事或下屬說話總是一副高高在上，不把人放在眼裡的神氣。

例如，通知人辦事，他的表情向來是冰冷嚴厲的，語氣絕對是不恭敬的。

「小周，你馬上去一趟，事情辦不好，就不要回來見我。」「喂，怎麼搞的，這些事情都處理不好，你說你還能做什麼？」完全不考慮別人的感受和自尊。

平日在公司裡出出進進，上樓下樓，他都是高揚著頭，直挺著胸，目光向上，從來不主動和同事打招呼。而且，無論何時都板著臉，一副不屑與人為伍的神態。

沈全祥的盛氣凌人換來的是同事們對他的疏遠，沒有人願與他交朋友。有一次他出車禍，腿部受傷住院，居然沒有半個人去看他，表示一下同事間的關愛。這對沈全祥來說，不能不說是一種悲哀。

與同事在一起工作，少不了要請求同事幫助。有的人一呼百應，同事很樂意助一臂之力；有的人卻缺乏號召力，同事不太願意幫忙。這都是平時對同事不恭敬，沒有人緣造成的。

- **與同事相處共事，言語上要恭敬。**

首先，要多用「請求」的表達方式。你可以這樣說：「請將這件事完成好嗎？」多用「請」字，使人覺得親切，覺得受到尊重。

再來是態度要恭敬，誠心誠意。比如找同事幫忙，想表現誠意，可以這樣說：「這件事只有你才能做好，無論如何請你幫個忙。」這樣表達一般都能獲得好結果。

在同一個部門工作，要以友善的態度對待同事，把同事當朋友，千萬不要有意或無意地傷害別人。同事間的關係應該是介於朋友和同事間的關係。彼此尊重，就能心心相印。

(3) 與下屬交朋友，要以心換心

兵法有云：「攻心為上」，要與下屬交朋友，要做到以心換心。最受下屬歡迎的上司是能理解他們、關心他們、幫助他們的上司，只有這樣的上司才會受下屬的愛戴，也只有這樣的公司才能使員工上下一心，形成一股強大的凝聚力，共同為公司的發展努力。

某位成功的上司常常去關心體貼自己的下屬，有時做得簡直可以說是無微不至，讓下屬感激涕零、心悅誠服。

吳起是戰國時期著名的軍事家，他擔任魏軍統帥時，與士兵同甘共苦，以誠心換得上兵的忠心。

有一次，一個士兵身上長了個膿瘡，身為一軍統帥的吳起，竟然親自用嘴為士兵吸吮膿血，全軍上下無不感動，而這個士兵的母親得知這個消息時卻哭了。

有人奇怪地問：「妳兒子不過是小小的兵卒，將軍親自為他吸膿瘡，妳為什麼要哭呢？妳兒子能得到將軍的厚愛，這是妳家的福分哪！」

這位母親哭訴道：「這哪裡是在愛我的兒子啊，分明是讓我兒子為他賣命。想當初吳將軍也曾為孩子的父親吸膿血，結果打仗時，他父親格外賣力，衝鋒在前，最後戰死沙場；

現在他又這樣對待我兒子，看來這孩子也活不長了！」

人非草木，孰能無情，這樣「愛兵如子」的統帥，部下能不盡心竭力，效命疆場嗎？

人是感情的動物，上司如果打從心底地尊重下屬、看重下屬，下屬自然會為他賣力。

在一家日商企業裡，有一天各部門接到電話，下班之後在貴賓廳召開員工大會。有些人覺得很納悶，為什麼放著會議室不去，而是去貴賓廳開會？甚至有人議論說：「老闆又在搞什麼小把戲？」

當全公司的人陸陸續續地走進貴賓廳時，眼前的一切簡直把他們驚呆了。只見每張桌子上擺滿了水果、飲料等各類食品。尤其是一名六十歲的老警衛，看到眼前的一切，以為走錯了地方，正要離開時剛巧碰上了老闆，老闆一見他要走，畢恭畢敬地把他請了回來。

老闆走上講台，向大家行禮，說：「今天把大夥召集起來，同大家開一個聊天會。大家可以暢所欲言，提問題、講困難，提意見或建議，說公司、家裡的事都可以。」

員工看到老闆不時地往大家手裡塞食物、倒飲料，並微笑著同每個人打呼，便積極地為公司出謀劃策。

老警衛激動地說：「我這一輩子還是第一次開這樣的會。一個看門的，本來就是在公司門口的，再踢一腳就出門了。老闆看得起我們，我們看門的一定要好好做，看好這個家。」此後，全公司上下一條心，員工們做事也更帶勁了。

人心都是肉長的，將心比心，以心換心，只要你付出真心和真情，就會獲得下屬的擁戴，他們也才會心甘情願地為你效力。下屬才會用實際行動來回報你，促進你在事業上的發展。

(4) 與客戶交往，不要只談交易，要講人情

每個人的生活圈子裡都有一些比較親近的熟人與朋友。美國的汽車銷售大王喬・吉拉德發現每個人所擁有的熟人與朋友的數字大約都是兩百五十個人，這就是著名的二五〇定律。

也就是說，人與人之間的連絡是以一種幾何級數來擴張的。無論是善於交際的公關高手，還是內向木訥之人，其周圍都會有一群人，這群人大約是兩百五十個。而對於生意人來說，這兩百五十人正是客戶網路的基礎，是你的財富。

建立良好的客戶網路，與客戶成為知心朋友。與客戶交往過程中要以誠相待，同客戶交朋友，分擔他的憂愁、分享他的喜悅。他可能會向你介紹他的朋友、他的客戶，這樣，你的客戶隊伍會不斷擴大。

同時，當你在和他談你工作上的困難時，他很可能會主動地幫助你，介紹新的客戶給你認識或者幫你直接把生意做成，使之成為你永久性的客戶。

與客戶交朋友，不要只談買賣，不談交情。對客戶要關心、愛護和體貼，使買賣雙方

不單純是一種商業關係，而是富有「人情味」的，使客戶產生一種親切感，在得到物質需求滿足的同時，還得到精神情感上的滿足。

瑪麗・凱的女士想買一輛黑白相間的轎車，於是去汽車展示中心挑選。在第一家店裡，由於推銷員沒有把她當一回事，她覺得受到了忽視，轉身就走了。進了第二家汽車展示中心，推銷員對她十分熱情，向她仔細介紹各種型號汽車的性能與價格，使她感到這位推銷員是真正為她著想。

當她偶然談到那天是她的生日時，這位推銷員馬上請她稍候一會兒，十五分鐘後，一位秘書拿來一束鮮花，這位推銷員把鮮花送給她，並祝她生日快樂。當時，使她感動萬分，覺得那束鮮花的價值超過百萬美元！於是，她毫不猶豫地購買了那位推銷員向她推薦的一輛黃色轎車，而放棄了購買黑白相間轎車的打算。

一束鮮花成了溝通買賣雙方心靈的橋樑，使店裡充滿了友善和溫馨的氣息，客戶不由得產生了深深的信任感，此時的買賣當然好做了。

碰到客戶過生日當然很偶然，但這種「人情」意識不論何時何地都可以表現出來。我們應該與每一位客戶交朋友，因為每一位客戶都有許多親朋好友，而這些親朋好友又有同樣數目的親友關係。失去一名客戶就會相應失去幾十乃至上百名客戶。得到一名客戶情況就會相反，因為這些人會用自己的親身感受去影響他的親友。

在這社會上生存發展，每個人都離不開與人打交道，更離不開與主管、同事、下屬和客戶打交道，要想求人辦事，就要看清對象，與客戶交朋友，並依據不同情況採用不同的交際策略。

●先交友，後談判

從廣義上說，人們幾乎每天都在進行著談判。正如談判的理論家荷伯・科思所說：「你的現實世界就是一個巨大的談判桌，不管你願意與否，你都是一個談判者。」

談判是現代社會裡經常發生的一種人際溝通方式，是人生旅途中不可缺少的一環。無論你是否意識到自己是否在談判，你或多或少都曾經在公事或私事上與他人進行過談判。

(1)創造友好的談判氣氛，寒暄恰到好處

談判時，能跟對方搞好關係、增進友誼，對談判是最有益的。

很多時候，談判雙方由於各自帶有一定的日的與使命，往往對陌生的對方抱有各種猜測、戒備的心理，更有甚者還抱有敵對情緒。在這種情況下，就要創造良好的談判氣氛，與對方加強感情溝通，消除雙方的隔閡，與對方交朋友。

一坐到談判桌前，你就應努力創造一種熱情友好、輕鬆愉快的洽談氣氛，消除對方的猜疑、警惕、緊張心理，這對以後雙方誠懇洽談、互諒互讓、友好地達成協議有重大作用。要為建立融洽的談判氣氛打下基礎，在正式談判前的寒暄是十分重要的，它是談判機器開動的奇妙「潤滑劑」，是減少雙方心理障礙的有效「催化劑」。談判前高水準的寒暄不僅是溝通語言交流的渠道，還能為以後談判的順利進展創造良好的氣氛和條件。

寒暄時要主動熱情、大方得體，力求先入為主地向對方傳遞有聲和無聲的資訊，藉此表現出自己對對方的熱情、友好、關心與信任，也表現出對談判的真誠期望與信心十足，這可以給對方留下一個鮮明、深刻的第一印象，甚至可以迅速地改變原來對手對我方的某些不大好的舊印象。

寒暄的內容可以是多方面的，但最好是令人輕鬆愉快、非業務性的。比如談到雙方的家鄉、來歷、家庭、旅遊過的地方、風土人情、趣事軼聞、嗜好專長、時事新聞等等。如雙方有過一段合作的經歷或共同認識的朋友，也可以透過共同的回顧與交流來找到雙方的共同點、聯繫點。通過上述話題的寒暄，往往比較容易引發雙方某方面的共鳴，發現共同的意趣，引起雙方心靈「共聚」的變化，為正式會談奠定良好的基礎。

(2) 顧全對方面子，與對方交朋友

談判與推銷一樣，既是一種競爭，又是一種合作。在談判活動中，人們既要維持自己的利益，也要維護自己的自尊。他們不僅希望交易能達成有利的協定，也希望證實自身的價值與維護自己的面子。因此，在談判中能否尊重對方的自尊，不僅僅影響到對方的心態、情緒，影響到對方合作的態度，而且會影響到雙方日後的發展合作。

對方如果覺得自己在談判中受到尊重，往往會表現地更友好、寬容、熱情而易於合作；相反地，如果對方的自尊心受到傷害，他常常會變得冷淡、消極、不服氣、惱怒，甚至會反脣相譏以示憤怒；氣量狹小者還有可能不顧一切後果地圖謀報復。這對今天的談判與明天的合作都是一個很大的損害。

因此，一名優秀的談判者應當充分意識到，顧全對方面子，不僅是眼前達成談判協議，實現友好合作的需要，而且是樹立談判者個人形象乃至企業美好形象，發展長期合作關係的需要。如果只圖一時之快，不惜損害對方面子與自尊，將會使談判破裂。

顧全面子，在談判中處處表現得彬彬有禮，顯示出對不同觀點、意見的理解與尊重，在談判的每個環節的發言中掌握分寸，留有餘地。

在談判中，要盡量顧全對方的面子，盡量減少不必要的誤會與矛盾。只要雙方有了較

深的感情，談判就有了良好的基礎。

一位曾經長期與日本商界打交道的美國商人說：「同日本人做生意，商務談判一開始，很像兩個相撲力士，要先十分禮貌地相互行莊重的、絕對必要的屈膝禮，然後再進行一套繁瑣的儀式，向每個角落撒鹽、多次鞠躬、做出表示敬意的各種動作……他們在進行自我準備的同時，相互不斷地審視對方，調整呼吸，聚積力量。當雙方確認已做好了充分準備之後，這時，也只能在這時，才猛地向對方撲去。」

美國商人生動地道出日本商人謙恭有禮背後的精明、獨到、老辣之處。被譽為「人際關係專家」的日本人，他們的笑臉迎人和彬彬有禮，能做到「以禮求讓，以情求利」的目的。

所以，在商務談判中，要學會與談判對手友好溝通、連絡感情、交上朋友，這會使談判輕鬆自如，達到預定的目的。

徐維代表公司與一家公司談判。他所在的公司委託這家公司加工生產零件，因原材料價格上漲了一倍，這家公司提出零件加工價格也要上漲一倍。徐維和對方進行了幾輪談判，但對方立場堅定，態度強硬，任他磨破嘴皮，對方就是不改初衷。

在這種陷入僵局的情況下，徐維暫時停止談判，邀對方吃飯，一起旅遊。在旅途中，雙方沒有談及任何有關談判的事，只談一些其他的話題，幾天下來，雙方成了無話不談的好朋友。

當再次坐到談判桌上的時候，對方作出了讓步，對徐維說：「我們已經是好朋友了，好朋友是不會讓朋友吃虧的，你定個價格，我簽字就是了。」結果一件相當棘手的談判就圓滿解決了。後來，兩家公司一直做生意，互惠互利，合作得很愉快。

在談判過程中，要取得對方的信任，拉近和對方的心理距離，尋找對方感興趣的話題或是滿足對方情感方面的某種需要，就能贏得對方的好感，與對方交上朋友，最後使得談判取得圓滿的結果。

● 成熟與世故一線之隔

人們在社會交際中評論某個人時，常常喜歡使用「成熟」和「世故」這兩個詞。例如：「某某為人處世比較成熟，是個很受歡迎的人」、「某某為人處世很世故，不好打交道，不是可交之人」等等。確實，在交友辦事、為人處世中，成熟與世故只有一線之隔，但結果卻是完全不同的。

(1) 世故是爛掉的成熟

擺在街頭賣的一堆西瓜，對買者而言只有三種：生的、熟的、爛熟的，我們只挑熟的買。芸芸眾生，無論男女老少，就其心理年齡而言，也只有三種：幼稚的、成熟的、世故的。

幼稚的屬於生瓜，成熟的屬於熟瓜，世故的屬於爛熟的瓜。放下生瓜不談，天下有誰喜歡爛熟的西瓜？

人們都不喜歡爛熟的瓜。因為它的果肉已不鮮甜；同樣，人們也不喜歡世故的人，因為他們已「練」得枯燥無味。在我們身邊很少看到一個世故的人擁有真正的朋友，因為世故的人很難交上朋友，誰也不願與他交朋友。

成熟不等於世故，世故是爛掉的成熟。一個人不成熟，就等於生瓜一樣，不好吃，價格也會大打折扣。成熟是一種豐滿圓潤的狀態，是一個人智慧的頂峰，是一個人閱盡人間滄桑後的一種大度從容。它不媚俗、不盲從，對挫折處之泰然，對恭維、掌聲、鮮花給予淡淡的微笑。處在這種境界的人，在家裡是寬容慈祥的父親、母親；在朋友那裡是手足般的兄長、姊妹；在工作單位是中流砥柱。

一個人思想和性格上的成熟，歸根結底在於他能從容地處理好人際關係，能夠很好地適應環境、適應社會。

世故與成熟不能同日而語。有人把老謀深算、圓滑世故看作是成熟，是為人處世、求人辦事的高手。其實不然，因為老練成熟，才是社交中的「上乘」修養，而圓滑世故，則是社交中的低劣特質。世故的人不一定就是成熟，成熟的人也不一定必須世故。成熟的人讓人想接近，世故的人卻使人敬而遠之。

不知道你是不是有這樣的經驗：你到一家服裝店去買衣服，老闆一開始熱情地介紹這、介紹那，你覺得愉快舒服，可是試了幾件後，沒有一件合適，最後決定不買了。如果老闆馬上態度冷淡，轉頭去做別的事，你馬上就會意識到他最初的熱情只是為了做生意。你一旦清楚這一點，馬上就會對這個老闆的性情有些看法，雖然人與人之間是互惠原則，但互惠的不僅僅是物質，還有精神。對這種世故之人，你會很反感，以後可能再也不會去光顧他的服裝店。

而一個處世成熟的人是不會這麼做的，即使做不成生意，他依然對你熱情有加，會讓你這次就算沒買衣服，下次還會再去光顧。

(2) 世故之人不可交

如果某人是非常勢利、見利忘義的世故之人，這種人是不適合作為朋友出現在生活中的。

例如，有一間企業，A當總經理時，一位高級職員經常到A家裡坐坐，外帶一些上好的禮物，對A奉承一番；而當A下台，B當上總經理時，這位高級職員又馬上到B家裡送禮，並數落A的不是，將B捧為英明的領導者。在這種情況下，B聽了大家的意見，思考分析後，果斷地將這位高級職員冷落在一邊。

世故的人有一個通病：在你得勢時，他錦上添花，當你失意時，他落井下石。他不懂得什麼是真誠，他只知道什麼是權勢，因此，這種世故的人不能交往。

宋代的王安石和呂惠卿是一對朋友，但他們不是真正意義上的朋友，單純是靠著權勢和利益聯合起來的勢利之交。呂惠卿與王安石的氣質本來就相差很遠，他開始攀附王安石是因為王安石有權勢，呂惠卿從中得到好處後，又開始陷害王安石以鞏固自己的地位。

如果某人為官在任，聚集在他周圍的人很多，可謂門庭若市，有人為結交做官之人，用盡各種辦法，一旦做官之人下了台，其周圍的人一下子就散去了，真可謂門庭冷落車馬稀了。這種情況非常常見，為什麼？因為你一沒有了權力，對別人來說就再也沒有利用價值了。

寧願沒有朋友，也不願交那些世故的朋友，因為這樣的人不僅對你無益，還有可能給你添麻煩，這種朋友，不如沒有的好。

(3) 不把世故當作成熟

生活中，有些人總覺得為人處世難，渴望自己早點成熟起來，可是往往又無法分清成熟與世故的界限，有時還把世故當作成熟。其實世故與成熟是有區別的，例如，求他辦點事，你必須得有所表示，否則，他左推右推說幫不了，但給他些好處，事情馬上擺平，這就是典型的世故心理。

世故與虛偽聯繫密切，表現出來的都是圓滑、勢利。人們不喜歡與世故的人交朋友，這是因為他們的處世哲學複雜難懂，使他難以在思想、感情、心靈上與他人溝通。

人際交往中，世故的人往往會將自己封閉起來，從不講自己的內心話，與別人相處，常圓滑應付、心口不一。朋友真誠地與他討論問題，將自己內心話全部告訴他，他卻守口如瓶，不用心去換取別人的心。時間久了，別人就不會與這種世故的人交往了。

心理世故的人在交往中表現的反差度很大。與周圍的人相處，對自己有用的人，交往之；對自己沒有用者，冷淡之。交往的熱情與對自己有用的程度成正比。對於同一個人，當有求於人時，對他就熱情，求完時便冷眼相待。例如俄國作家果戈里小說《死靈魂》中的主角契契可夫一樣，在還是小職員時，百般討好巴結上司的麻臉女兒。當博得上司的好感，並當上科長，站穩了腳跟之後，便馬上翻臉不認人。

這種人，有大事求人時，不惜討好巴結，降低人格，所謂「有事求人，無事無人」。這種人在生活中是極令人討厭的。

成熟的人雖然也求人幫忙辦事，但他們堅持的是互惠互利，互幫互進的態度，絕不會求人辦事達到目的以後，就不再搭理對方。這種人在人際交往中，自然會受到朋友的歡迎。

世故的人，大多是不相信別人，只希望利己的人。世故使交往打上了圓滑、勢利、虛偽的烙印，這些品格無疑是不受歡迎的。交往中的世故心理往往使人認為你不可信、不可靠、不可近。的確，從來不與人說心裡話，「有事求人，無事無人」，這樣的人怎能在心理上給別人以安全、共鳴感和愉悅感呢？更何談強化友情的願望。這種人，又怎能交上知心的朋友？又怎能在人生的舞台上有出色的表現呢？

所以，在社會上行走，要讓自己多一些成熟的氣質，少一些世故的味道，才能成為到處受歡迎的人。

●虧要吃在明處，否則就是白吃

與朋友交往，自己吃點虧就是一個很好的交際方法。不管是吃大虧還是吃小虧，只要是對搞好朋友關係有幫助，你咬牙也要吞下去，不能皺眉。尤其是大虧，有時更是一本萬利的事。

當然，吃虧也必須講究方式和技巧。交朋友吃虧要吃在明處，否則就是白吃。有的人為了息事寧人，往往去吃暗虧，結果是「啞巴吃黃蓮，有苦說不出」。

三國時期的孫權就是這樣，為了得回荊州，假意將自己的妹妹嫁給劉備，結果在諸葛亮巧妙安排下，孫權不僅賠了妹妹又折了兵，荊州還是在人家手中，這個虧未免吃得太不值得了。

虧要吃在明處，吃在暗處就只有白吃了。你吃虧時，至少要讓對方明白，讓對方意識到，你吃虧是為了幫助他。

古人說：「吃虧是福」是很有道理的。因為吃虧，你就成了施者，朋友則成了受者，看上去是你吃了虧，他得了益。然而，朋友卻欠了你一個情，在友誼、情誼的天平上，你已加了一個籌碼，這是比金錢、財富更值得你珍視的東西。

吃虧，會讓你在朋友眼裡變得豁達、寬厚，讓你獲得更深的友誼。這當然會使朋友更心甘情願地幫助你，為你做事。

(1) 會吃虧的人才不會吃虧

在現代社會，會吃虧的人才不會吃虧。你不吃點虧，別人怎麼會替你辦事情呢？

古時有一個例子：陳囂與紀伯為鄰，一天夜裡，紀伯偷偷地將隔開兩家的竹籬笆向陳家移了一點，以便讓自己的院子寬一點，恰好給陳囂看到了。紀伯走後，陳囂將籬笆又往自己這邊移了一丈，使紀伯的院子更寬敞了。紀伯發現後，很是愧疚，不但還了侵占陳家的地方，還將籬笆往自己這邊移了一丈。

陳囂的主動吃虧，讓紀伯感到相當內疚，他產生了「以小人之心度君子之腹」的感覺，這就欠下了陳囂的一個人情，即使他還了這個人情，但是每當他想起時還是會內疚，還是會想辦法報答陳囂。

《菜根譚》上說：「人之短處，要曲為彌逢；如暴而揚之，是以短攻短。」意思是：別人有缺點或過失，要婉轉地為他掩飾或規勸他，假如去揭發傳揚，就是用自己的短處來攻擊別人的短處，到時肯定對自己沒有什麼好處。

所以，有時主動吃虧是要為朋友文過飾非，既讓他覺得欠你的人情，又讓他知道自己做錯了。會交朋友、會辦事的人，樂意為朋友遮掩一下，許多人非常吃這一套。

戰國時，梁國與楚國相鄰，兩國在邊境上各設界亭，亭卒們也都在各自的地裡種了西瓜。

梁國的亭卒勤勞，鋤草澆水，瓜秧長勢極好；而楚國的亭卒懶惰，瓜秧又瘦又弱，與對面西瓜田的長勢簡直不能相比。楚國的亭卒覺得失了面子，有一天夜裡偷跑過去，把梁國亭卒的瓜秧全扯斷了。

梁國的亭卒第二天發現後氣憤難平，報告給邊縣的縣令宋就，並說：「我們也過去把他們的瓜秧扯斷好了！」宋就說：「他們這樣做當然是很卑鄙的，可是，我們明明不願他們扯斷我們的瓜秧，那麼我們為什麼要再反過去扯斷人家的瓜秧呢？別人不對，我們再跟著學，那就太沒度量了。你們聽我的話，從今天起，每天晚上去給他們的瓜秧澆水，讓他們的瓜秧長得好，你們這樣做，一定可以讓他們知道自己錯了。」

梁國的亭卒聽了宋就的話後覺得有道理，於是就照辦了。楚國的亭卒發現自己瓜秧的長勢一天好似一天，仔細觀察，發現早上地都被人澆過了，而且是梁國的亭卒在黑夜裡悄悄為他們澆的。楚國的邊縣縣令聽到亭卒們的報告，感到十分慚愧又十分的敬佩，於是把這件事報告了楚王。楚王聽說後，也感於梁國人修睦邊鄰的誠心，特備重禮送梁王，既以示自責，亦以示酬謝，結果這一對敵國成了友好的鄰邦。

為別人文過飾非，是打好關係的好機會。當朋友在眾人或是你面前犯了錯，你一定要抱著吃虧的心理，乾脆給他個面子，幫他一把，千萬別「暴而揚之」。

很多時候，這種吃虧是幫助你的朋友，儘管你先前吃了虧，但最終朋友會彌補你、報答你。想一想，會吃虧的人怎麼會吃虧呢？

● 聽清言外之意，別讓朋友害了你

有一次，一位女士人決定要測試客人是否真的有聆聽自己的話，她一面請客人吃點心，一面說：「你們一定要嚐一嚐，我加了點砒霜。」所有客人都毫不猶豫地吃了下去，還說：「真好吃，一定要把做法告訴我。」

言為心聲，朋友對你說的話語非常重要，你不要因為聽不出真情，而吃下帶著砒霜的點心。

生活中，不可避免地存在這類朋友，他為了自己一時的利益和地位，不惜反擊、背叛你，甚至落井下石，他的危害是你不能預料的。很多時候，因為你聽不出這類朋友的言外之意，看不清他虛偽的表演，而被朋友利用和陷害。

你不要認為平常的朋友不會欺騙和利用朋友，即使是大藝術家也可能為了自己的私利、虛榮心，做出有害朋友的事情。

畢卡索有一陣子常常往喬治·布拉克的畫室跑，他們形影不離，大家都覺得他們是一對老朋友。

有一天，布拉克很沮喪地說，他把一幅畫作壞了，許多見到這幅畫的人都皺起了眉頭。他真想毀掉這件敗筆之作，布拉克這樣嘀咕。

「不，別毀了它！」畢卡索瞇著眼睛，在那幅畫前踱來踱去，像發現了傑作似的大聲稱讚個不停：「這幅畫真是棒極了！」

布拉克有點半信半疑。的確，在那個年頭，好與壞的界線都攪在一起，是傑作還是垃圾，誰也分辨不清。「真的很棒嗎？」布拉克問。

「當然。」畢卡索認真誠懇地回答。「你把它送給我吧，我用我的作品與你交換，如何？」

於是，畢卡索回贈布拉克一幅畫，換來布拉克自己差點要扔掉的「傑作」。

幾天以後，有一些朋友去布拉克的畫室，他們都看到了畢卡索的那幅畫，它掛在房間裡十分引人注目。布拉克感動地說：「這就是畢卡索的作品。他送給我的，你們瞧，它真是美極了！」

同一天，同樣這些人也去了畢卡索的家，他們一眼就看見了布拉克的「傑作」，當他們睜大兩眼迷惑不解的時候，畢卡索開始說話了：「你們看看，這就是布拉克，布拉克畫的就是這東西！」

畢卡索的言外之意就是：「布拉克的畫真是太差了，怎能跟我的畫相比呢？」細心的你可以發現，畢卡索假惺惺地騙取朋友的「物證」，以便毫不留情地在背後攻擊朋友。他是怎樣的表現的呢？就是瞇著眼睛，在畫作前踱來踱去，一幅認真、仔細的樣子，然後，對布拉克那幅失敗的畫大加讚賞。生活中背叛你的朋友也可能採用這種誇張、不切實際的表演。

但是你千萬不要做布拉克，首先他不相信自己，其次如果他相信自己的判斷，就不要猶豫，如果他知道畢卡索的眼力不會那麼差，提防他的那套虛假表演，以後的事就不會發生。

(1) 學會聽出弦外之音、言外之意

有一位飽經風霜的老人，一生結交了許多朋友，沒有一個朋友能夠對他隱瞞什麼。他的做法非常簡單：從談話中推測未道出的事情。每當和朋友交談以後，他總是把當時的談話重溫一遍，把對方談話中的停頓躊躇、聲音的變化、詞語的選擇等進行分析，然後他就能說出對方在談話中根本未提及的事。

這位老人的成功，就在於他善於揣摩對方說話的意思，能聽懂、聽透，品出話語中的言外之意。

他其實也不能全然摸透朋友的腦袋，能做出這些結論完全是運用了「內容分析法」——通過對談話內容的系統分析、綜合，從微不足道的細節中發現朋友對你的態度，和他自己要做些什麼，這對你與朋友的交往很有幫助。

王主編約陳教授為刊物寫一篇稿子，恰巧王主編的刊物辦座談會，他也邀請了陳教授。陳教授才進會場，王主編就衝了過去：「太好了！太好了！我一直在等您的稿子。」「糟糕！」陳教授一拍腦袋：「抱歉！抱歉！我留在桌上忘記帶了。」又拍拍王主編

的肩膀：「明天上午您派人來拿，可以吧？」

「沒關係！」王主編一笑：「也不必等明天，我等會兒開車送您回去，順便拿。」

陳教授一愣，也笑笑：「可惜我等會兒不直接回家，還是明天吧！」

座談會結束後，送走了學者、專家，王主編到停車場開車回家。轉過街角，他看見陳教授和賀律師在等計程車。

王主編按下車窗熱心地問：「到哪兒去呀！」

賀律師說：「陪陳教授回家。」

王主編一聽，就停下車將陳教授和賀律師拉上車。王主編邊開車邊說：「我送您回家，順便拿稿子。」

「我家巷子小，尤其假日都會停滿車，不容易進去。」陳教授拍拍王主編：「您還是把我們放在巷口，我明天上午請女兒送稿子過去，她也順路。」

誰知王主編說自己更順路，一定要去。王主編硬是轉過小巷子，一點、一點往裡擠，開到陳教授的門口。

「我還得找呢！這巷子不好停車。」陳教授說。

「沒問題，您不是說放在桌子上嗎？」正說著，後面的車大按叭喇催促。

「您還是別等了吧！」陳教授拍著車窗：「告訴您實話，我還沒寫完呢……」

陳教授再三找藉口推辭，王主編居然沒有聽出陳教授「我還沒有寫完呢」的言外之意，結果弄得兩人都不愉快。

俗話說：「說話聽聲，鑼鼓聽音」，這個「聲」指的就是言外之意。

比如，你在路上遇到一個朋友，你問朋友：「你上哪呢？」朋友答：「到那邊。」如果你又問：「幹什麼去？」朋友答：「辦點事。」

朋友的話根本沒涉及到正題，只是含糊應答，如果你會聽的話，就要意識到朋友不願講出來，就不要再追問。聽不出朋友的言外之意，打破砂鍋問到底會令朋友生氣的。

通常除說話以外，一個眼神、表情、動作，都可能在特定的語境中表達明確的意思，就是同一句話也可以聽出其弦外之言、言外之意。如果不能掌握和摸透這一點，就有可能遭受他人的傷害。

在朋友的交談中，我們需要留意他的言外之意。

朋友在談話中常常提及「我」、「我的」這幾個字眼，證明他是一個極端自私和不關心你的人。一個心理學家說：「如果一個人的汽車故障了，他就會常常提到它。同樣，一個人的身體有了毛病，那他在談話中也會不經意露出徵兆。」只有他的話中「我們」的次數增加，你才可能與他發展友誼。

如果一個朋友經常提到那些不擇手段的成功者，並且眼中露出羨慕之情，尤其津津樂道其手段的果斷和殘忍，他可能也是一個陰謀家，必要時，他不會顧及你們的友誼，一腳把你踩下去。

你去請求朋友幫忙，而他始終不正面回答你，躲躲閃閃，「顧左右而言他」，那就已經說明了他不準備幫助你，你就不要在那裡耽誤時間了。

你和朋友商談一件重要的事，他不公開稱讚你的想法，而是說：「沒錯，但是……」這說明他不支持你的想法，甚至反對，只是礙於你的情面，不好意思直說出來。

唐先生想賣掉公司去從事投資，他的朋友卻說了一大堆「投資的風險很大」的話，他聽出朋友不喜歡他這麼做，而主要原因是他們的公司有合作關係，自己賣掉公司，朋友就缺少了強而有力的支援，朋友現在又沒有資金買下他的公司，所以他採取了反對的意見。

留神朋友的言外之意，善於聆聽既可以改變你與朋友的關係，方便辦事，還可以幫助你瞭解朋友的內心，避免遭到傷害。

● 交淺言深，交友大忌

人和人之間的交往有一個地雷區，那就是交淺言深。人與人之間的感情是在交往中逐步建立的。就算是朋友，也不可能一見傾心。要知道，「逢人只說三分話，不可全掏一片心。」

在與朋友交往中，有時你結識了新朋友，即使你對他有一定的好感，但畢竟交情不深，缺乏更深切、本能性的瞭解，你不宜過早與他們講深交、討好的話。

比如，當你剛來到一個新的工作環境，同事對你表示友善和歡迎時，大家一起外出午餐，有說有笑，無所不談。其中一名同事可能跟你很談得來，樂意把公司的種種問題以及每一位同事的性格都說給你聽。你對公司人事一無所知，自然也很珍惜這樣一位「知無不言，言無不盡」的朋友，彼此顯得相當有默契，你開始視對方為知己，將平時看到什麼不順眼、不服氣的事，也與這位朋友傾吐，甚至批評其他同事，藉以發洩心中的悶氣。

如果對方永遠是你的忠心支持者，問題自然不大。但須知「來說是非者，便是是非人」。你瞭解這位朋友有多少？你怎麼知道你與對方不過短暫的交情，怎麼就有很深厚的友誼呢？為這一時之快，你把不該說的話說出來，對方手上便有了你的把柄，隨時隨地都可以加害你。如果他把你曾批評其他同事或上司的話公之於眾，試想，你在這個公司還有立足之地嗎？

懂得與朋友保持一定的距離，凡事採取中庸之道，適可而止，在別人面前從不顯露衝動的言行，學習做個聆聽者，如此你才能成功地與朋友交往。

(1) 對新結識的朋友說話要有所保留

在社交場合中，大家見面不管生面孔也好，熟面孔也好，都會點頭致意，彬彬有禮。說話之間像老朋友一樣相互問好，熱情開放，這是禮節、禮貌。

在這樣的場合，對剛結識的朋友說話要有所保留，能說三分的話，千萬不要說到四分。

有這樣一則寓言故事：一隻蝨子常年住在一個富人的床鋪上，由於牠吸血的動作緩慢輕柔，商人一直沒有發現牠的存在。

有一天，跳蚤來拜訪蝨子。蝨子對跳蚤的性情、來訪目的、是否對己不利，一概不聞不問。還把自己不該說的秘密告訴跳蚤：「這個人的血是香甜的，床鋪是柔軟的。」

跳蚤本來只是路過這裡，但聽了蝨子的話就不想走了。當天晚上在富人進入夢鄉時，早已迫不及待的跳蚤立即跳到他身上，狠狠叮了一口。富人在夢中被咬醒，憤怒地令僕人搜查。伶俐的跳蚤蹦走了，溫吞的蝨子成了跳蚤的替罪羊。蝨子到死也不知道引起這場災禍的根源。

在人際交往中，你若與朋友初交就把心掏出來給對方，用心和他交往，那麼就有可能會「受傷」。

小王是一家公司的業務經理，在一次聚會上，與另一家公司的業務員偶遇，兩人很投緣，話也越說越投機，大有相見恨晚之感。小王把對方當成了自己的貼心朋友，結果在酒酣耳熱之後，把自己公司將要開展的業務計畫說了出來。

一個月後，當小王的公司把新的業務計畫投入實際運作時，卻被客戶告知別的公司已經在做了，並簽了合約。作為與老闆共知計畫機密的小王，自然被上司批評一番，並減薪降職，永不重用了。小王根本沒想到自己把對方當成朋友，對方反而害了他。

所謂逢人只說三分話，這之中不包括重要話，重要話是一句都說不得的。你所說的三分話，應該是風花雪月，應該是柴米油鹽，應該是上天下地，應該是山海奇觀，應該是稗官野史……總而言之，應該是無關緊要的材料，雖然說得頭頭是道，說得興味淋漓，說得皆大歡喜，其實是言之無物，這就是有效防止「交淺言深」的辦法。

(2) 無話不談要看對象

有些人交朋友很失敗，做事業也很失敗，其中一個關鍵的差別，就在是否只與泛泛之交的朋友無話不談。

在朋友交往中，除非是知己好友，否則不能無話不談。「禍從口出」，為人處世一定要把好口風，什麼話能說，什麼話不能說，都要先在腦子裡多繞幾個彎，心底有個大概。

每個人都有自己的秘密，都有一些壓在心裡不願為人知的事情。朋友之間，哪怕感情不錯，也不要隨便把你的事情、秘密告訴對方。

你的秘密可能是私事，也可能是公事。如果你告訴你的朋友，這些秘密就不再是秘密了。

如果你是職場中人，你將你的秘密告訴同事，假若他是一個別有用心的人，雖然不在外面傳播你的秘密，但在關鍵時刻，他會拿出你的秘密作為武器回擊你，使你在競爭中失敗。因為一般來說，個人的秘密大多是一些不甚體面、不甚光彩，甚至是有很大污點的事情。這個把柄若被人抓住，你的競爭力就會被大大削弱了。

一對好朋友可能會因為各種原因而中斷友誼或分道揚鑣，很有可能造成反目成仇的局面。由於昔日彼此毫不防備，各自的內情外事都瞭若指掌，所以一旦關係破裂，翻起老帳、揭起短處，便會使雙方格外痛徹心腑、切齒難忘。

不分青紅皂白地把一般朋友當知心朋友，為對方動輒真心，是交友的人忌。特別是與朋友交情微酣或話語投機之時，更要注意把握口舌關，該說的說，不該說的就藏在自己心裡。當你覺得別人在傾訴內心話時，感到如果自己不把心掏出來就負了一份人情似的，這就錯了。人際關係是經常在變化的，今天的知心朋友或許就是明天的對手，你的知心話或許就會成為明天握在他手中的把柄。給自己留一點餘地、留一條後路，總會讓人覺得安全、踏實。

朋友之間相處，話不可露盡，這才是交友之道。

● 人情存摺，時間久，利息越多

人情像銀行裡的存款

做人情就好比銀行裡存款，存得越多，存得越久，利息越多。

你送朋友一個人情，朋友便欠了你一個人情，他一定會回報，因為這是人之常情。

作家錢鍾書先生，一生日子過得比較平和，但困居上海寫《圍城》的時候，也窘迫過一陣。辭退保姆後，由夫人楊絳操持家務。

那時，學術稿沒人買，錢鍾書寫小說的動機裡，多少摻進了掙錢養家的成分，他一天五百字的精工細作，卻又絕對不是商業性的寫作速度。就在錢鍾書難以為繼時，黃佐臨導了錢鍾書夫人楊絳的四幕喜劇《稱心如意》和五幕喜劇《弄假成真》，黃佐臨即時支付了稿酬，才使錢家度過了難關。

時隔多年，黃佐臨之女黃蜀芹導演之所以獨得錢鍾書親見，開拍電視連續劇《圍城》，是因為她藏了老爸黃佐臨一封親筆信的緣故。錢鍾書是個別人為他做事，他一輩子都記著的人，黃佐臨四十年前的義助，錢鍾書四十年後還報。

俗話說：「在家靠父母，出門靠朋友」，多一個朋友多一條路。要想人愛己，必須先愛人。每個人都應該存以樂善好施、成人之美的心思，才能為自己多儲存這些人情的債權，如同一個人為防不測，須養成「儲蓄」的習慣一樣。

人脈=錢脈：改變一生的人際關係經營術

作　　者　孫大為
發 行 人　林敬彬
主　　編　楊安瑜
編　　輯　李彥蓉、林奕慈
內頁編排　黃立彣
封面設計　黃立彣
編輯協力　陳于雯
出　　版　大都會文化事業有限公司
發　　行　大都會文化事業有限公司
11051台北市信義區基隆路一段432號4樓之9
讀者服務專線：（02）27235216
讀者服務傳真：（02）27235220
電子郵件信箱：metro@ms21.hinet.net
網　　址：www.metrobook.com.tw

郵政劃撥　14050529 大都會文化事業有限公司
出版日期　2018年09月修訂初版一刷
定　　價　300元
ISBN　978-986-96672-1-0
書　　號　Success-086

國家圖書館出版品預行編目（CIP）資料

人脈=錢脈 ：改變一生的人際關係經營術 /
孫大為著. -- 修訂初版. -- 臺北市 :
大都會文化, 2018.09
224 面 ; 14.8x21公分
ISBN 978-986-96672-1-0(平裝)

1.人際關係 2.成功法

177.3　　107011898

大都會文化　讀者服務卡

書名：人脈＝錢脈：改變一生的人際關係經營術

謝謝您選擇了這本書！期待您的支持與建議，讓我們能有更多聯繫與互動的機會。

A. 您在何時購得本書：______ 年 ______ 月 ______ 日

B. 您在何處購得本書：____________ 書店，位於 ____________（市、縣）

C. 您從哪裡得知本書的消息：

1. □書店　2. □報章雜誌　3. □電台活動　4. □網路資訊
5. □書籤宣傳品等　6. □親友介紹　7. □書評　8. □其他

D. 您購買本書的動機：（可複選）

1. □對主題或內容感興趣　2. □工作需要　3. □生活需要
4. □自我進修　5. □內容為流行熱門話題　6. □其他

E. 您最喜歡本書的：（可複選）

1. □內容題材　2. □字體大小　3. □翻譯文筆　4. □封面　5. □編排方式　6. □其他

F. 您認為本書的封面：1. □非常出色　2. □普通　3. □毫不起眼　4. □其他

G. 您認為本書的編排：1. □非常出色　2. □普通　3. □毫不起眼　4. □其他

H. 您通常以哪些方式購書：（可複選）

1. □逛書店　2. □書展　3. □劃撥郵購　4. □團體訂購　5. □網路購書　6. □其他

I. 您希望我們出版哪類書籍：（可複選）

1. □旅遊　2. □流行文化　3. □生活休閒　4. □美容保養　5. □散文小品
6. □科學新知　7. □藝術音樂　8. □致富理財　9. □工商企管　10. □科幻推理
11. □史地類　12. □勵志傳記　13. □電影小說　14. □語言學習（____ 語）
15. □幽默諧趣　16. □其他

J. 您對本書（系）的建議：

____

K. 您對本出版社的建議：

____

讀者小檔案

姓名：______________ 性別：□男　□女　生日：____ 年 ____ 月 ____ 日

年齡：□ 20 歲以下 □ 21 ～ 30 歲 □ 31 ～ 40 歲 □ 41 ～ 50 歲 □ 51 歲以上

職業：1. □學生 2. □軍公教 3. □大眾傳播 4. □服務業 5. □金融業 6. □製造業
7. □資訊業 8. □自由業 9. □家管 10. □退休 11. □其他

學歷：□國小或以下 □國中 □高中／高職 □大學／大專 □研究所以上

通訊地址：______________________________

電話：（H）______________（O）______________ 傳真：______________

行動電話：______________ E-Mail：______________

◎謝謝您購買本書，歡迎您上大都會文化網站（www.metrobook.com.tw）登錄會員，或至 Facebook（www.facebook.com/metrobook2）為我們按個讚，您將不定期收到最新的圖書訊息與電子報。

人脈＝錢脈

改變一生的
人際關係經營術

北區郵政管理局
登記證北台字第9125號
免貼郵票

大都會文化事業有限公司
讀者服務部　收

11051 台北市基隆路
一段432號4樓之9

寄回這張服務卡〔免貼郵票〕
您可以：
◎不定期收到最新出版訊息
◎參加各項回饋優惠活動

大都會文化
METROPOLITAN CULTURE

大都會文化
METROPOLITAN CULTURE